グロービス
MBA
集中講義

［実況］
# ロジカルシンキング教室

MBA Logical Thinking

【著】
グロービス
【執筆】
嶋田　毅（グロービス経営大学院教授）

PHP研究所

# はじめに

## ■ビジネスパーソンに不可欠となったロジカルシンキング

さて、みなさんは、「ロジカル」あるいは「ロジカル」と聞いてどのようなことをまず思い浮かべるでしょうか？　一般的に、ロジカルあるいは論理的という言葉には「小難しくて頭がよさそう」「理系の人間や法律家が使っていそう」「なんとなく冷たい感じ」といったイメージがあるようです。「私は論理的に考えるのがダメなんです」と苦手意識を持っている人は、そうした先入観を強く持っているのではないでしょうか。

しかし、今やそうした「逃げ」は許されない状況です。いくつかの環境変化がその背景にあります。

一つはグローバル化。英語を社内公用語にしようという日本企業も増えてきましたし、新規採用のほとんどが海外採用という企業も増加中です。そこまでいかないまでも、外国人と議論をしたり、交渉をする機会は今後どんどん増えていくでしょう。

そうしたときに、もちろん語学（特に英語）も重要ですが、それ以上に重要になるのがロジカルシンキングです。「私はこう考える。なぜなら……」といったことが、頭の中でしっかり考えられていないと、語学だけができたところで、結局、文化や社会的背景の異なる相手を説得することはできません。あるいは、相手が何か腑に落ちないことを言ったときに、それをロジカルに指摘することができないと、結局はそのまま押しきられてしまう可能性が高くなるのです。

第二の理由は、競争環境の変化のスピードアップとその激化です。様子見をしながらのんびりと意思決定をしたり、多少のミスなら比較的容易にリカバリーできる時代は終わりつつあります。「スピーディに、より重要な論点（イシュー）に関して正しい意思決定をし、なおかつそれを適切に周りの人々に伝える」ということが、これからどんどん求められます。それができない会社や個人は、非常につらい立場に置かれるでしょう。ロジカルシンキングは、コミュニケーションや問題解決で大きな力を発揮することから、そのベースとして必要不可欠なのです。

そしてロジカルシンキングが求められる第三の要因は、やや意外かもしれませんが、クリエイティブに考える必要性が増したことです。誰もが思い浮かぶようなありきたりのアイデアはすぐに模倣されますし、そもそもそれは競争相手だってすぐに考えつきます。これでは、不毛な模倣合戦になってしまい、なかなか勝ちきれません。事実、昨今のさまざまな新商品などを見ていると、ほとんど差別化とはいえないような差別化にとどまるものが多く、結局は価格競争という体力勝負に陥りがちです。

相手が真似しにくくて、なおかつ顧客を始めとするステークホルダーに大きな価値を感じてもらうためには、ユニークでクリエイティブなアイデアが必要不可欠です。そうしたアイデアを出すうえでも、ロジカルシンキングは有効なのです。

## ■ロジカルに考えることでクリエイティブになれる

ではなぜ、ロジカルに考えることがクリエイティブであることにつながるのでしょうか。一つには、時間の確保があります。ロジカルシンキングを使って思考やコミュニケーションを効率化し時間を生み出すことができれば、その時間を使って深い思索を行ったり、あるいはチームでのブレインストーミングの時間を設けたりすることができます。特に後者はよく「多様性は一人の秀才の考えに勝る」ともいわれることから、新しいアイデアの発見や発展などには非常に有効です。

ロジカルに考えることはまた、自分の考え方を客観的に見ることにもつながります。「ありきたりの発想をしていないか」「自分で勝手に発想に制約を設けていないか」「何か他に見落としている重要な事実やトレンドはないか」といった自問が可能になるのです。こうしたことをしっかり振り返りながら考えると、自ずとアイデアはクリエイティブでユニークなものになっていきます。

たとえば、ユニクロを展開するファーストリテイリングの柳井正会長などは、非常にクリエイティブにものごとを発想しているように見えます。SPAという業態への転換や、いち早く中国で大量生産の仕組みを作ったこと、あるいは、「アパレル業界は商品の陳腐化がとても早いので、常に各品種を揃えなければならない」という常識を打ち破るべく、九〇年代後半に「ノンエイジ、ユニセックス、ベーシックカジュアル」というコンセプトを打ち出したことなどです（このコンセプトはその後、やや修正が加えられました）。
こうして見ると、柳井氏は非常にクリエイティブな思考の持ち主のように見えます。しかし同時に、彼ほどものごとを理詰めで考える人もいないといわれています、はた目には、いきなり凄いアイデアが出てきたように見えるのですが、それは、常識を疑ったり、できないと思われる事柄や意見に対して「なぜ？」とロジカルに考えた結果でもあるのです。つまり、単なる思いつきでものごとを進めているのではなく、ひたすら理詰めでしっかり考えた結果、非常にエッジの効いたアイデアが生まれたのです。

このように、ロジカルに考えることは、単に自説の説得力を高めたり、問題解決のアイデアを効率的に導き出したりするだけではなく、クリエイティブに考えることにもつながり、競争相手に対して大きく優位に立てる力の源泉にもなるのです。

## ■本書の構成

本書では、まず第1章でロジカルに考えるうえでの基本について紹介します。これはいわば基本動作というべきものであり、ロジカルシンキングの土台となります。本書では四つの基本動作を紹介します。

第2章では、ものごとを構造的にとらえる典型的な五つの「型」について紹介します。ロジカルにものごとを考えるには、渾沌かつ多様な事象を、ある程度整理して見る必要があります。つまり、渾沌としたものをそのまま漠然と見るのではなく、ある程度の型に落とし込んでとらえることで、ものごとの実体が見えやすくなり、正しく考えることが促進されるのです。ここまでが、ロジカルシンキングの基本といえるでしょう。

第3章からは少し応用編に入っていきます。まず第3章では、第2章の発展型として、実際にビジネスでよく使われるフレームワークを紹介していきます。本書で紹介するものは、長い期間にわたって、ビジネスシーンで愛用されたものであり、非常に汎用性の高いものといえます。ものごとを構造的に把握することの重要性と、それがロジカルシンキングを加速させることを実感してください。

第4章では、説得力のある主張をするための方法について紹介します。何かを明確に主張するということは、最も論理的な思考の試される場面といえるでしょう。多くの人に自分の考えを理解・納得してもらい、共感して動いてもらうためにも、非常に重要なスキルといえます。特に、一見、突飛に見えながら、実際には非常に有用なアイデアについて主張をする際には、その重要性はさらに増します。本章では、具体的には、コンサルティング会社などでよく用いられているピラミッドストラクチャーについて簡単に紹介していきます。

最後の第5章では、効果的な問題解決の方法について紹介します。問題解決は、何かを主張したり議論したりするのと同様、ビジネスパーソンにとって最も重要なスキルの一つです。どうすれば効果的かつクリエイティブな問題解決ができるのか、そのヒントを紹介していきます。

## ■ロジカルシンキングは経営学におけるCPU

筆者が勤務するグロービスでは、スクール、企業内研修とも、最初にロジカルシンキングのクラスを受講してもらうことを強く勧めています（なお、グロービスでは、科目名としては「クリティカルシンキング」を用いることが多いのですが、中身はロジカルシンキングを包含しており、本書で説明していく内容とも大きく重なっています）。

最初に受講をお勧めするのは、ロジカルシンキングができないと、どれだけ経営の知識を学んでも空回りしてしまうからです。たとえ話としてよくするのは、ロジカルシンキングはパソコンでいえばＣＰＵに相当し、ＭＢＡの基礎科目がＯＳ、応用科目がアプリケーションに相当するというものです。どれだけよいＯＳやアプリケーションを入れようとしたところで、ＣＰＵの処理能力が低くては、結局パソコン全体としての能力は上がりません。

ぜひ、本書を読んでいただいて、経営学のＣＰＵとはどんなものかを、その意義とともにつかんでいただければと思います。

二〇一一年四月吉日

グロービス経営大学院教授　嶋田　毅

［実況］ロジカルシンキング教室◉目次

## 第3章 フレームワークで時間も労力も節約する

## 第4章 説得力のある主張を作る



## 第5章 問題の本質をとらえ、解決策を導く

装幀――神長文夫＋伊地知未来

# 第1章

# 筋道を立てて論理的に考える

# 1 基本のルールは四つだけ

## まずは四つの基本ルールを押さえる

ロジカルシンキングを直訳すると「論理的思考」となります。その名のとおり、ロジカルシンキングとは「筋道を立てて論理的に考えること」です。

では「論理的」とはどういうことでしょうか？　日常、当たり前のように使われる言葉ですが、いざ説明しようとすると意外に難しいのではないでしょうか。さらに「どうすれば論理的に考えることができるのか？」という問いになると、即座に答えられる人は多くないと思います。

しかしロジカルシンキングというのは、決して難しい専門技術でも特殊な訓練が必要なものでもありません。ちょっとしたポイントを理解し、練習し、コツさえつかめば、誰でも身につけることのできるスキルなのです。

ロジカルシンキングの一番基本となるルールは、次の四つに集約できます。

**①「そう／そうじゃない」を明確にする**
**②「なぜなら」「だから」で話を展開する**
**③ファクトに結びつける**
**④論点を押さえ、全体をバランスよく考える**

これらを意識して考えるようにすれば、自ずと論理的な思考を組み立てることができます。どれも複雑なことではありません。言ってしまえば、論理的に考えるとは、たったそれだけのことなのです。

本書ではＭＥＣＥ（ミーシー：モレなくダブリなく）やロジックツリーといったロジカルシンキングを土台とした専門的なツールや、さらに一歩発展させた、ピラミッドストラクチャーを用いた論理展開、ロジックツリーを用いた問題解決についてまで解説しますが、それらすべての根底にはこの四つの基本があります。

読み進めていくうちに頭がこんがらがってきた人は、もう一度この四つの基本ルールに立ち返ってみるといいでしょう。

それでは以降、四つの基本ルールを一つずつ解説していきます。

# 2 結論に説得力を持たせる

## 結論にあいまいな言葉を使わない

ロジカルシンキングにおける第一の基本ルールは、「そう／そうじゃない」を明確にすることです。

**「そう／そうじゃない」というのがわかりにくいなら、「イエス／ノー」「やる／やらない」「右に行く／左に行く」と言ってもかまいません。つまり大切なことは、結論をはっきりさせるということです。**

ビジネスの意思決定には、はじめに「どうすれば営業成績を上げることができるのか」といった明確な論点があります。グロービスではこれを「イシュー」と呼んでいますが、

その論点に対して、

「既存顧客に新規顧客を紹介してもらう」

「成果につながらない無駄な訪問を減らす」

といった結論を効率的に出すのがロジカルシンキングの目的の一つです。

その際に意識すべきこととして、結論が、

「われわれは、○○をすることが望ましい」

「われわれは、○○を止める」

など、主語を明確にしたうえで、はっきりした方向性を生み出す文章になっているということがあります。


ところがロジカルシンキングができていない人は、結論をあいまいにしてしまうケースが多くあります。

「どうすれば営業成績が上がるのか」という論点に対して、

「人それぞれだからなんとも言えない」

「成果につながらない訪問は無駄になりがちだけれど、そこから次の仕事につながることもある」

といった結論を出されたらどうでしょう？　これでは意思決定や主張としては、まったく意味がありません。

ロジカルシンキングの目的の一つは結論を効率的に出すことと書きましたが、「どっちでもいい」という主張では、とても相手を納得させることはできません。いくら事実に基づいて議論を展開しても、結論が明確でなければ意味はないのです。

もちろん現実には、「人それぞれ」「状況次第」と言いたくなる場合もあるでしょう。しかしその場合であっても、

「アンケートの結果でAが優勢ならAを発売する」

「売上げが○億円以下に下がったら、撤退する」

のように、条件付きのかたちで結論を出すことはできます。これはこれで一つの明確な主張です。

日本人は判断の場において、「○○は××だ」という明言を避ける傾向にあるように思います。その理由の一つは、「なぜそう判断したのですか?」と突っ込まれるのが怖いからではないでしょうか。

**ロジカルシンキングのよいところは、「なぜ」と聞かれた際に、「これこれこういう理由でこの結論を出しました」ということを誰もが理解でき、かつ説得力のあるかたちで説明できることです。断言した結論を相手に納得させることが、ロジカルシンキングの役割といってもいいかもしれません。**

「明確な結論」とロジカルシンキングは、切っても切り離せない関係であると覚えておいてください。

## 一つひとつの判断、根拠を明確にすることで説得力が増す

明確さが必要なのは最終的な結論だけではありません。

**ロジカルシンキングでは、最初の論点からいきなり結論にいたることはなく、前提となる**

**事実（ファクト）をベースに小さな判断を積み重ね、筋道を立てて考えていきます。その途中にある一つひとつの判断にも明確さが求められます。**

裁判がよい例です。たとえば刑事裁判では最終的に有罪か無罪か、有罪ならどの程度の量刑かを判断していくことになります。そのために裁判官は、検察側と弁護側の双方から出てくる数多くの証拠や証言を、一つひとつ「これは信頼できる証拠だ」「これは信憑性に欠けるから採用できない」と判断しなければなりません。もちろん確度などの話があるので一概には言えませんが、基本的には一つひとつの証拠からアリバイの有無などを考慮し、明確な判断を積み重ねて最終的な判決を導き出します。

そこでもし裁判官が途中の判断をいい加減にしていたらどうなるでしょう？「証拠Aは信頼できそうな気がします。アリバイもなさそうなので、被告人は有罪です」などと、誰も納得できない判決になってしまいます。

ビジネスにおける意思決定も同じです。たとえば、ロジカルシンキングを活用した具体的ツールに「ＳＷＯＴ分析」というものがあります。詳しくは一一五ページで解説していますが、簡単に言えば自社の「強み」や「弱み」をリストアップしていく作業です（欧米のビジネススクールなどではやや古いツールとされることもありますが、そのわかりやすさなどから、今でも多くの人が利用しています）。

仮に、メーカーA社は新興のため、老舗メーカーのような既存の販売チャネルを持っていないとします。この販売チャネルがないというのは、販路がないという意味では弱点ですが、その半面、しがらみがないためネット直販など新しい販路を開拓しやすいというメリットがあります。既存の販売チャネルがないというのは、強みと弱みの二面性があるわけです。

しかし、だからといってこのメーカーのSWOT分析をするときに、「既存販売チャネルがないのは、状況によって強みと弱みのどっちにもなり、あとはあなたがどう考えるかによります」と言ってしまうと、そこから話は進みにくくなってしまいます。どちらともいえるという玉虫色の答えは、そもそも判断とは呼びにくいのです。

「こういう条件の場合は強みになる」

「今回の論点を考慮するにあたっては、弱みとして強く意識すべき」

というように自分なりに峻別して、明確な判断を下すことがロジカルシンキングでは必要なのです。

もちろん自分なりの判断が常に百パーセント正しいとは限りませんし、多くの人の支持を得るとも限りません。しかし、それでも自分なりの明確な判断がないよりはましです。理由とともに明確な主張をすることで、そこから議論が生まれ、組織としてよりよい意思決定に近づくことが多いからです。


「わが社には既存販売チャネルがないから、ネット直販に容易に乗り出せる。マーケットの環境もいいと判断した。やはり積極的に売り出していくべきだ」

「わが社には既存販売チャネルがないけど、これはメリットでもありデメリットでもある。マーケットの環境も状況次第で変わる。でもここは積極的に売り出していくべきだ」

この二つを比べると、前者のほうに説得力があるのは一目瞭然でしょう。

ロジカルシンキングとは、一つひとつの判断・分析・区別といった小さな「ブロック」を積み重ねていく作業に似ています。それぞれのブロックが固く、しっかりと下のブロックで支えられていれば、高く積み上げてもぐらつきません。しかし、その中に一つでも軟らかいブロックやいびつな形のブロックが混ざっていたら、横から少しつつくだけで、あっという間に積み上げたブロックは崩れてしまいます。ブロックを積んできちんとした最終結論にいたるには、一つひとつのブロック、すなわち判断から極力あいまいさを排除することが求められるのです。

とはいえ、それぞれの段階で絶対に間違えないよう百パーセント正しく判断しようと思っていたら、いくら時間があっても足りません。変化の激しいビジネスの世界における意思決定には、正しさと同時にスピードも必要です。

**そのため、一つひとつの判断においては、しっかり考えつつも、ある程度の割り切り感を持って、判断、解釈していくことも大切です。あいまいなグレーのものであっても、そこはざっくりと「この場合、私はこれを黒と考える」と、その判断をした前提を意識しながら、明確な結論を出して話を進めていくことが、現実的なロジカルシンキングのやり方です。**

しっかり決めるというのは、思った以上にストレスのかかる作業です。しかし、ここを逃げていては、ロジカルに考えることはできません。適宜頭の休息をとってリフレッシュしながら、明確に判断すべきところは判断していきましょう。

なお、これは、何でもかんでも単純な二元論で考えてよいという意味ではないことに注意してください。たとえば、最初から「白か黒しかない」と思い込んでしまうと、思考が非常に狭い範囲に閉じてしまいますし、もしそこに解がない場合、精神的にも負荷がかかります。重要なのは、明確に「こう考える」ということであり、その結果は、白でもなく黒でもなく、「緑である」「赤である」かもしれないのです。明確な主張を持つことが必要なのです。

## 日頃からものごとを明確にするクセをつける

普段からなんでもものごとをあいまいにしている人が、いざロジカルシンキングをやれと言われて、急に明確な判断をしようと思っても、なかなかうまくいきません。ロジカルシンキングのやり方を知っていることとそれを実践できることとは違うのです。

そこで効いてくるのが日頃の習慣です。日頃からあいまいなグレーのものをそのまま放っておくのではなく、白か黒かはっきりさせる思考習慣を身につけるといいでしょう。そうした頭の働かせ方は、ものごとを仕分け、判断の根拠を考えることになります。**それはまた、世の中の動向を見ようという意識や、自分なりの判断軸をしっかり持とうという考え方につながっていきます。**

とはいえ、中にはすぐに判断できないケースもあります。たとえば「アイドルグループのAとBのどちらが長く芸能界に残りそうか」という問題には、筆者はたいていの場合、答えを出せません。それは、筆者が芸能界にそれほど強い興味がないため、詳しい情報を持っていないからです。これは、単に判断をサボっているのとは違います。

ただ、「情報がないから判断できない」ということをしっかり意識できるということは、見方を変えれば「どう情報を集めたら自分は判断を下せるのか」を考えるトレーニングになります。WEBの情報サイトを読み込むのがいいのか、業界に詳しい人に話を聞くのがいいのか、そういった判断を下すことにつながるのです。

# 3 筋道が見えないと、要領をえない

## 筋道を立てて考える

論理的に考えるとは、「筋道を立てて段階的に判断していくこと」と説明できますが、この「筋道を立てる」というのは、別の言葉で言い換えると、「根拠と結論を『なぜなら』あるいは『だから』でつなげること」となります。少し図解的に表現すると、

○根拠―だから↓結論
○結論―なぜなら↓根拠

このどちらかのパターンで考えていくことです。

前述の販売チャネルのケースを例にとれば、

「A社は既存の販売チャネルがない〈根拠〉。だから、しがらみがなく新規のチャネルを開拓できる〈結論〉」

あるいは、

「A社はしがらみがなく新規のチャネルを開拓できる〈結論〉。なぜなら、既存の販売チャネルを持っていないからだ〈根拠〉」

となります。

こうした根拠と結論のつながりが、論理的な展開の基礎となります。

先に、ロジカルシンキングとは、区別や判断といった小さなブロックを積み重ねていく作業に似ていると書きましたが、この「根拠―だから→結論」「結論―なぜなら→根拠」が一つのブロックにあたります。このブロックを論理的に積み重ねていく作業が、ロジカルシンキングの重要な基本動作なのです。

## つなげ方のパターンはそれほど多くない

まず、わかりやすい例に「三段論法」があります。

（1）ほ乳類は母乳で子を育てる
（2）ネコはほ乳類だ
（3）だから、ネコは母乳で子を育てる

これは典型的な三段論法で、（1）と（2）二つのブロックを重ねることで、結論である（3）が導き出されています。

**どんなに複雑で難しそうに見える論理展開であっても、順を追って考えていくと、すべて「根拠―だから→結論」「結論―なぜなら→根拠」の積み重ねにすぎないことがわかります。だからこそ、一つひとつのステップをしっかり踏むことが、ロジカルシンキングの鍵となります。**

ちなみに、根拠と結論をつなげる手法には、「演繹法」と「帰納法」の二種類のやり方があります。

簡単に説明すると「演繹法」とは、事実や一般的な法則から結論を導き出すやり方で、前出の三段論法がそれに該当します。

それに対して「帰納法」とは、観察される複数の事実の共通項に着目し、結論を導き出すやり方です。たとえば次のロジックは、帰納法で導き出されています。

「部長は昨日高熱を出していて、咳もしていた。喉も腫れていると言っていた。その前日には風邪の人とお酒を飲んでいた。だから部長は風邪をもらったのではないかと推測できる」

逆に言えば、「部長は風邪をもらったのではないかと推測できる。なぜなら、部長は昨日高熱を出していて、咳もしていた。喉も腫れていると言っていた。その前日には風邪の人とお酒を飲んでいた」という説明になります。部長に風邪の兆候があるという共通項に着目しているわけです。

論理展開には、大きく、この二つのパターンがあることを知っておくといいでしょう。

## きちんとした根拠になっていないケース

根拠と結論を「なぜなら」「だから」でつなげることは、何かを主張する際には当たり前のことです。しかし実際には、根拠と結論がきれいにつながっていないケースが数多く見られます。

たとえば次のような例です。

「わが社もこのビジネスに参入しましょう。なぜなら参入すべきビジネスだからです」

これは、一見「なぜなら」でつながっていますが、よく読むと「参入すべきビジネスだからです」という言葉は結局何も語っておらず、根拠になっていません（こうした主張をトートロジー、同義語反復といいます）。

これが、

「わが社もこのビジネスに参入しましょう。なぜならうちの強みが活かせますし、強い競合もいません。しかも、顧客は小企業が多く、交渉力の面でもわれわれが強く出られるからです」

という主張であれば、先に比べ、かなり説得力は高まるでしょう。

このように、自分では論理的に話を展開しているつもりでも、実は間違っている「偽ロジカルシンキング」をしている人は、ビジネスの世界では意外と多いのです。意思決定をする際には、「自分は正しくロジカルシンキングを行っているか」ということを常に気をつけなければなりません。

Q&A

## 百パーセントの厳密さはいらない

——根拠と結論を適切につなげなければならないとか、一つひとつのブロックをしっかりと積むこととか、「いちいちそこまで細かいことを気にしなければならないなんて、ロジカルシンキングってすごく難しそう」と感じるのですが。

**嶋田** そうですね、実際、厳密に百パーセント論理的に話を展開させようと思うと、かなり大変です。

でも安心してください。**学術論文であれば疑いの入りこむ余地のない厳密な論理展開が求められるかもしれませんが、ビジネスの世界におけるロジカルシンキングではそこまでのレベルは必要とされません。**

なぜなら、結局、どれだけ確からしい根拠を出したところで、その根拠は、あくまでも過去の事実にすぎないからです。この不確実性の高い時代、必ずしも過去の延長に未来があるわけではありません。まだ見ぬ未来を予測して行動しなくてはならないビジネスの意思決定では、百パーセントの厳密さをいたずらに追い求める必要はないのです。

たとえば年商一〇〇億円程度の企業にとって、この先十年で売上げ一〇〇億円が期待できる新規事業に乗り出すかどうかは、重大な意思決定です。しかしここで誰からも異論の出ないほど完璧な論理構成で、「進出すべき」あるいは「進出は止めるべき」と結論を出せる人はいないでしょう。たとえどんなに強固な論理でも、ビジネスに絶対はありませんし、将来の経営環境を完璧に予測できる人はいません。したがって、必ず反対意見も出てきます。でも、それでいいのです。

一〇〇%の人がきれいに納得する主張は無理でも、七五%が賛成できるような主張ができればそれには大きな意味があります。七五%という割合が妥当かどうかは状況にもよりますが、ビジネスを先に進めるうえで必要十分な人々を納得させることができれば、ロジカルシンキングとしては十分なのです。逆に、一〇〇%の人々を納得させないと先に進まないような企業だとしたら、そのほうが問題といえるでしょう。

**――では、根拠と結論をつなげることにそれほどこだわらなくてもいいということでしょうか。**

**嶋田** いえ、勘違いしないでいただきたいのは、百パーセントの厳密さが必要ないとはいえ、根拠と結論をつなげるという基本動作はきちんと押さえなければならないということです。

ロジカルシンキングにおいては、第一ステップとして根拠と結論を適切につなげることが不可欠です。それができたら第二ステップとして厳密さ、つまり根拠がどの程度しっかりと結論を説得力あるものにしているかを意識します。この際、多少のざっくり感があってもいいのです。**大きな案件であるほど万人を納得させるのは難しくなりますが、それでも六〇～七〇％の人が納得するまではがんばる必要があります。**

「根拠と結論をつなげること」と「厳密さを出す」の二段階に分けて考えていきましょう。

**――ロジカルに考えると、答えは自ずと一つに定まるのでしょうか。**

**嶋田** そんなことはありません。よく、ロジカルシンキングは、誰もが同じ答えを導くための思考法だ、などと言われる方もいますが、私はそうは思いません。

なぜなら、次節でも述べますが、見ているファクトが人それぞれ違いますし、特に帰納的な理由付けでは、そこから得られる解釈、結論は、個々人の経験や価値観を反映するため、必ずしも同一ではないからです。

「はじめに」でも書きましたが、ロジカルシンキングはクリエイティビティにもつながるものです。よりクリエイティビティを出したいのであれば、最初に思いついた解釈、結論に拘泥するのではなく、他に考え方はないか、第二案、第三案を出してみて、それがロジカルに裏付けできないか考えてみるといいでしょう。意外と、三番目、四番目に出てきた解釈が、しっかりとファクトで裏付けられることがあります。そうした発想は、なかなか他の人が思いつきにくいだけに、かえって価値が高い場合が少なくないのです。

# 4 論理のスタートは誰もが納得いく事実で始める

## 結論の土台はファクトでなければならない

先に、論理を展開していく作業は根拠と結論を積み重ねていくことだと書きました。「結論―なぜなら↓根拠1」というロジックがあるとすると、「根拠1―なぜなら↓根拠2」というロジックがその下にあるわけです。

これを繰り返していくと一番の大本となる根拠が必要となってきますが、これが「ファクト」でなければならないというのが第三の基本です。図解的に書くと、こうなります。

最終結論―なぜなら↓根拠1―なぜなら↓根拠2……↓根拠Z（ファクト）

ちなみに「だから」を使って逆方向に書くと以下のようになります。最終結論は「ファクトからスタートする」と言い換えることもできるのです。

根拠（ファクト）―だから↓結論1―だから↓結論2……↓意思決定（最終結論）

**ロジカルシンキングでいうところの「ファクト」とは、事実やみんなが受け入れる自明の理、原理原則のことです。**

たとえば、「現在の携帯電話の普及率は九〇％を超えている」「ビールの販売量は減少傾向にあり、第三のビールが伸びている」などは、動かしようのない事実でありファクトです。前出の例でいえば「A社は既存販売チャネルを持っていない」というのもファクトです。

一方、

「若者層の間ではケータイ小説がはやっているらしい」

「今どきの若者はお酒を苦手にしているように思う」

はどうでしょう？　一見もっともらしく聞こえますが、実は主観的な意見でしかなく、事実とは限りません（もちろん、「誰」の意見かにもよります。これについては四八ページで述べます）。実際に調べてみたら、「ケータイ小説は一部の若者には人気だが、利用率はまだ低く、はやっているとまでは言い難い」という状況である可能性もあります。

このような、ファクトとは言いにくいものを根拠にロジックを展開していくと、「今、若者の間でケータイ小説がはやっているらしいから、われわれもケータイ小説事業に力を入れるべき」といった、周囲に対する説得力に欠ける結論に達してしまいます。

ロジカルシンキングは論理のブロックを積み重ねることだと書きましたが、それはファクトという揺るぎのない土台の上に築かれなければすぐに崩れてしまうのです。

## ファクトとは何か

何をもってファクトと見なすのかは、実際難しい問題です。

**一番わかりやすいのは、数字で具体的に事実を示しているデータです。売上高や販売数な**

**どの数字は、正確に捕捉されていればという条件はつきますが、誰が見てもほぼ同じように解釈できるものなので、ファクトとしては一番説得力があります。**

プレゼンテーションに関する本を読むと、「できるだけ具体的な数字を出して提案しましょう」といったことが書かれていますが、これも同じ理由です。数字で表された定量的なデータは、それ自体を否定するのが、主観的な印象などに比べると相対的に難しく、説得力を持ちやすいのです。

事実を見て確認したことも、ファクトとして有効です。

先ほどのケータイ小説の例ではありませんが、「このマーケットが伸びている」という話があっても、実際に調べてみないと事実かどうかはわかりません。アンケートをとったり、自ら現場に行って、実際に市場で何が起こっているのか事実を確認することが大切です。

トヨタ自動車は、「現地現物」という方針を徹底しています。たとえば「どうすればある工場の生産性を上げることができるのか」ということについて考えるとき、いくら机の前に座って頭をひねっても答えは見つかりません。現場である工場に出向き、どこに問題や無駄があるのかというファクトを見、それを元に案を練っていくのです。

小林製薬の会長である小林豊氏も、現場に出て情報を収集することを重視しています。小林氏は、スーパーなど自社の製品が売られている場所に実際に行って、たまたま自社商品に手を伸ばしたお客様に「なぜその商品を選んだのですか?」と直接聞くそうです。そうした生の声を聞くことが、自分の意思決定にとって重要だということを理解されているのでしょう。

## 数字やデータであっても注意が必要

具体的な数字やデータであればファクトと見なしていいかというと、それが必ずしも実態を表しているとは限らないケースもあるので注意が必要です。

よくあるのが、データが古いケース。たとえば総務省のデータのような信頼性が高いものであっても調査年度が平成十八年(二〇〇六年)とかでは、平成二十三年(二〇一一年)現在の意思決定の根拠としては古すぎます。

別の目的で使われた二次データをそのまま転用しているケースも問題です。世の中にはさまざまなアンケート調査があり、データとしては有用ですが、そもそも他の人が他の目的で集計したアンケートだと、その人の目的には適していても自分の目的にそのまま転用すると誤りが生じることがあります。

測定の定義が途中で変わっているデータも困りものです。

たとえばある企業の部門別売上高の推移を調べてみたところ、部門Ａが伸び、部門Ｂが落ち込んでいたとします。それを見ると部門Ａの事業が有望だと考えがちですが、実は今年から部門の再編があって、以前は部門Ｂに付けていた売上高の一部が部門Ａに付け替えられていた、などということが世の中には多々あるのです。

データそのものに信頼性があっても、根拠とするには的外れなケースもあります。

たとえば国別に人口一人当たりの降水量を調べたデータを見ると、オーストラリアの数字は非常に高くなっています。それを根拠に「オーストラリアは水が豊かな国だ」というのは誤りです。実際に多くのオーストラリアの人は水不足で悩んでいます。オーストラリアは国土が広いために全体の降水量は多いのですが、人の住んでいない地域が多く、妥当なコストで飲み水として利用できる水は非常に限られているのです。

いくら事実であっても、それが根拠として適切な事実であるか否かをきちんと考えましょう。

## 百パーセントの事実を追い求める必要はない

「少しでも疑いやあいまいさのあるものは、ファクトにできないのか」と疑問を持たれる方もいるでしょう。しかしそんなことはありません。これまで何度も述べてきましたが、ビジネスにおけるロジカルシンキングではそこまでの厳密さは求められてはいないのです。

**むしろ一人の例外もなく万人が納得するような事実だけを元に展開されたロジックは、誰にでも思いつくつまらないものになりがちです。**客観的データだけで作られたレポートなどは、ただの凡庸なリサーチ結果のまとめになりやすく、新しくユニークな発想が求められるビジネスではそれほど高い価値を生み出さないことが、ままあります。

客観的なデータとは対極にありながら、ロジカルシンキングの根拠として有用なのが業界に詳しいキーパーソンのコメント、特に確信に近いコメントです。

**ビジネスは将来を予測しながら意思決定をしなければなりませんが、将来のことは現時点で数字やデータとして表れておらず、むしろ識者や専門家といったキーパーソンの頭の中にしかないことが少なくありません。**それはあくまでキーパーソンの予想であり事実とは違うものですが、凡百の客観的データよりはるかに正確に将来の姿を描いています。

たとえば二〇一一年初頭現在、「電気自動車がどのくらいのペースで普及するか」というテーマを考えてみます。電気自動車の普及には、さまざまな技術の進化だけではなく、インフラや法体系の整備に関する予測、あるいは個々の自動車会社の思惑なども絡んできますから、いくら現時点での客観的データを集めてロジックを組んでも、周囲を納得させるだけの主張はしにくいでしょう。

しかしそのロジックに、自動車業界や電池業界に詳しい専門家やジャーナリスト、オピニオンリーダーなどの意見が入ってくると、とたんに信頼度と説得力が増すのです。

結局のところ、**ファクトかどうかを見極める際の最終的な基準は、「これは人を納得させるロジックの根拠たりうるか?」ということです。**その点、ある程度世間に信頼されているキーパーソンのコメントは、十分にファクトたりうると考えてもいいでしょう。さらに複数のキーパーソンのコメントを集め、それらに共通する意見を抽出すると、さらに信頼度はアップします。

もちろん、業界のキーパーソンのコメントがほぼファクトと見なせるとはいえ、それだけを根拠とするのも強引な話です。一方で客観的なデータを集め、その一方でキーパーソンのコメントのような多少の不確実性はあるものの説得力のある根拠(特に、未来に関する予測)を集める。そして、それを元にロジックを組み立てていくというのが現実的なやり方です。

バランスの取り方は難しいのですが、ロジカルシンキングの経験を積んでいくうちに身についていくスキルといえます。

# 5

# 論点を押さえねば、時間の無駄

## まずは論点を押さえる

先にも書きましたが、何かを考える際に、そもそも何がメインの論点（イシュー）なのかをまずしっかり意識しましょう。

どれほど筋道の通った論理展開であっても、ビジネス上、あまり意味のないことを考えても仕方ありません。むしろ、それにエネルギーや時間を投入してしまう分だけ、機会費用（本来できることをできなかったロス）を考えるとマイナスとすらいえます。

たとえば、リーダーが、組織の創造性を高めようというときに、どのような組織設計にして、どのようなコミュニケーションの場を設けるかというのは非常に重要な論点となります。一方、社内ライブラリーでどのような雑誌を購読するかという話は、たしかに創造性と無縁の話ではありませんが、先のテーマに比べると重要度は低く、リーダーが真っ先に考えなくてはならないことではありません。

自分の職位や役割を踏まえたうえで、「今、自分は何を考えるべきなのか」をしっかり押さえることが重要です。

## たった一つのファクトから展開される論理は弱い

バランスよく考えることも重要です。たとえば、ある食品メーカーの新商品に関する提案書が、次のような内容だったとします。

「今は健康ブームで、特に最近若い女性の間ではトマトのリコピンの効能が注目されています。そこで、わが社の商品の中でも女性に人気の高い炊き込みご飯にトマトを使った『トマトご飯』を作れば絶対に売れます」

このロジックの根拠となっている「若い女性の間でトマトのリコピンが人気」というのが事実だとして、この新商品の提案は妥当でしょうか？　おそらく、「書かれていることは間違っていないが、結論が少し強引だな」と感じる人が多いでしょう。

根拠になっているファクトが確かで、そこからきっちりと筋道を立ててロジックが展開されているからといって、出された意思決定が説得力のあるものだとは限りません。それはこのロジックが、「若い女性の間でトマトのリコピンが人気」というたった一つのファクトから導き出された結論だからです。

たしかに「トマトのリコピンが人気」という点から見ると、提案書に書かれている内容も決して間違いではないかもしれませんが、あくまでもそれは一面から見ただけの結論にすぎません。他の要素から考えてみるとどうでしょう？「トマトのリコピンのブームはいつまで続くのか」「コストは見合うのか」「類似商品や競合商品はないか」「自社の顧客のニーズにマッチしているのか」「そもそもトマトと炊き込みご飯は合うのか」など、考慮しなければならない要素は他にいくらでもあります。

限られた根拠だけで出された結論は、一見説得力があるように見えても、少し反論にあうとすぐに崩れてしまいます。トマトご飯の企画書も、「似たような商品が他社から出ていて、それほど売れていない」と言われてしまえばそこで終わりです。

**ロジカルシンキングでは、局所だけを見るのではなく、全体を見て重要な「モレ」がなく判断していることがポイントになります。**

これまで何度か使ったブロックにたとえると、たった一つの土台の上に積み重ねたブロックは、いくら慎重に組んでも少し揺らすだけですぐに崩れてしまいます。それに対し、土台が三つ、四つ、五つと増えるほど積み上げたブロックは強固になり、その土台をさらに下のほうでバランスよく支えると、まず崩れることはありません。ロジカルシンキングも同じです。

一方で、土台の数が多すぎると、逆に伝えるのが難しいという問題が生じます。そこで、最終的な結論を支える土台は三つか四つに集約すると、説得力があり、かつわかりやすくなります。

いずれにせよ、全体像をしっかり押さえ、バランスよく考えていくことが重要なのです。

Q&A

## 重要度に応じて、深掘りをする

――ロジカルシンキングでは、思考を狭い範囲に限定せず、全体をカバーすることが重要とのことですが、まんべんなくすべての要素をじっくり分析していたのでは、時間ばかりかかって埒があかないのではないでしょうか。

**嶋田** そうです。何度も書いたようにビジネスはスピードが重要です。全体をカバーしながらも、その中から重要なポイントを判別し、そこを重点的に考えていくことが必要となります。

イメージとしては、意思決定の妥当性や主張の説得力にとって八割効いてくるような要素には八割の時間を費やして深掘りし、一割のインパクトしかない要素には一割程度の時間で十分と考えておけばわかりやすいでしょう。

たとえば、ある事業部の立て直しにあたって、人の要素が非常に重要なポイントであると考えられるなら、人に関する要素、従業員のスキルやモチベーション、相性、労働時間などを深掘りして考えます。

しかし、資本集約的な事業で、あまり人の要素の重要性が高くなく、設備の稼働率が最も重要な要素であるのなら、市場規模の予測や競合との競争力、あるいは、他の事業と設備を共有できるか、といったことを深く考える必要があるでしょう。

**――どうすればそのような基本が身につくのでしょうか。**

一朝一夕に身につけば苦労はありません。常日頃からの地道な努力が必要です。

特にマネジャーともなると、部署全体の案件を次々に処理していかないといけません。自分の担当する企画はもちろんのこと、人の考えた企画を判断するときにバランスよく作ってあるか、考えモレがないか、ちゃんと深掘りすべきところをきちんと調査してあるか、といったことを見抜く力が要求されるのです。

一方で、慣れていないとなかなかうまくはいかないものです。バランスのよさを確実なものにするためには、経営学全般の知識も必要になりますし、ビジネス以外の知識や教養が必要となることも多いでしょう。

そうした知識をインプットしながら、自分自身の思考を客観的に第三者的な視点で眺め、「何を考えるべきか」「今考えていることは全体の中で重要か」を常に自問しましょう。

第2章

# 思考のスピードを加速させる考え方

# 1

# 「型」を知れば、早く正確に結論に到達できる

## 考え方の五つの「型」

第1章では、「ロジカルシンキングとはどういうことか」を説明し、そのベースとなる基本動作について述べましたが、第2章ではロジカルな思考を加速するための考え方の「型」を解説していきます。

その中でも重要な要素が、「ものごとを考えるときに全体を構造的に把握する」ということです。ビジネスのようにいろんな要素が入り交じった複雑な案件でも、全体を構造的に把握して整理することで、一から順々に追って考えていくよりもはるかに早く正確に結

論にたどり着くことができるのです。

**構造的に把握するというのは、要素を一個一個バラバラに見るのではなく、それぞれの関係性や流れといった全体像を理解すること。イメージとしては、ただ要素を箇条書きにして並べるのではなく、頭の中で図にして考えるような感じです。**

そのために知っておきたいのが、ものごとを構造的にとらえるための「型」です。

「型」といっても、第3章で解説するフレームワークのような、個別具体的な枠ができあがったものではありません。フレームワークは具体的な目的や使いどころがはっきりしたものですが、ここでいう「型」は、もっと無色透明で柔軟性が高く、フレームワークの前段階のものと考えてください。

「型」そのものが論理的というわけではなく、それを知っておくと論理的に考えるスピードや精度が格段に上がる、ターボエンジンのようなものだと思ってください。

ここで紹介する「型」は、次の五つです。このうち、⑤仮説検証は他の四つと少しタイプは異なりプロセス的な意味合いが強くなりますが、これも複雑なものをスピーディに処理していくうえで非常に重要なので、ここで紹介します。

①MECE／ロジックツリー
②マトリックス
③フロー図
④関係図
⑤仮説検証

この五つを覚えておけば、かなりロジカルシンキングを効率化できます。特に、①から④については、第3章で紹介するフレームワークや経営学の教科書などに出てくるフレームワークの基礎になります。この本の目的の一つとして、自分でフレームワーク（考える枠組み）を作って利用できるようになる、ということがあります。そのためにもフレームワークの元となる「型」は、ぜひ押さえておきましょう。

## 2 「MECE（ミーシー）」でモレなくダブリなく、「ロジックツリー」でシンプルに

### モレなくダブリなく分類することで全体を把握する

ロジカルシンキングに欠かせない「型」として、最初に説明するのは「MECE（ミーシー）」です。

MECEは、英語の「Mutually Exclusive, Collectively Exhaustive」の頭文字をとった言葉で、直訳すると「ダブリなく、モレなく」という意味です。ただ、語呂のよさから、一般には順序を変えて「モレなく、ダブリなく」と呼ばれます。ある集団（全体）がモレもダブリもないように分解、分類されていることを指します。

簡単な例として、「人間」をいくつかのカテゴリーに分類してみましょう。
「男性」と「女性」の二つに分けると、すべての人は必ずどちらかのグループに入り（モレがない）、かつ複数のグループに所属することがない（ダブリがない）ので、これはMECEになっています。

同じく、「十歳未満」「十代」「二十代」……「六十歳以上」という、年齢で分類するのもMECEです。さらに、この二つを組み合わせて、「十歳未満の男性」「十歳未満の女性」……と分けていってもMECEになります（図表1）。

では「成人女性」を、「学生」「会社員」「フリーター」「主婦」「家事手伝い」で分類した場合、これはMECEでしょうか？　この場合、自営業で働いている女性はどこにも分類されず、モレてしまいます。またワーキングマザーのような人は、「会社員」と「主婦」の両方にダブって分類されてしまいます。つまりこれは、MECEではありません（図表2）。

## 図表1◆MECEの例

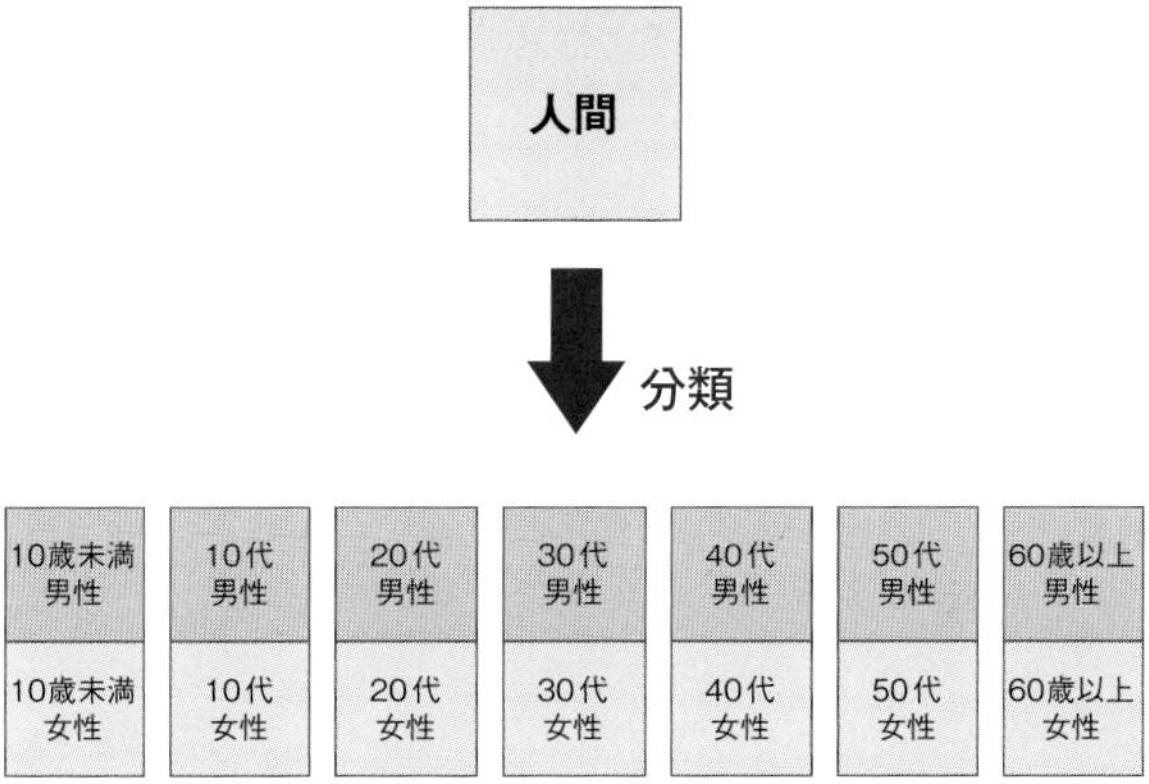


## 図表2◆MECEではない例

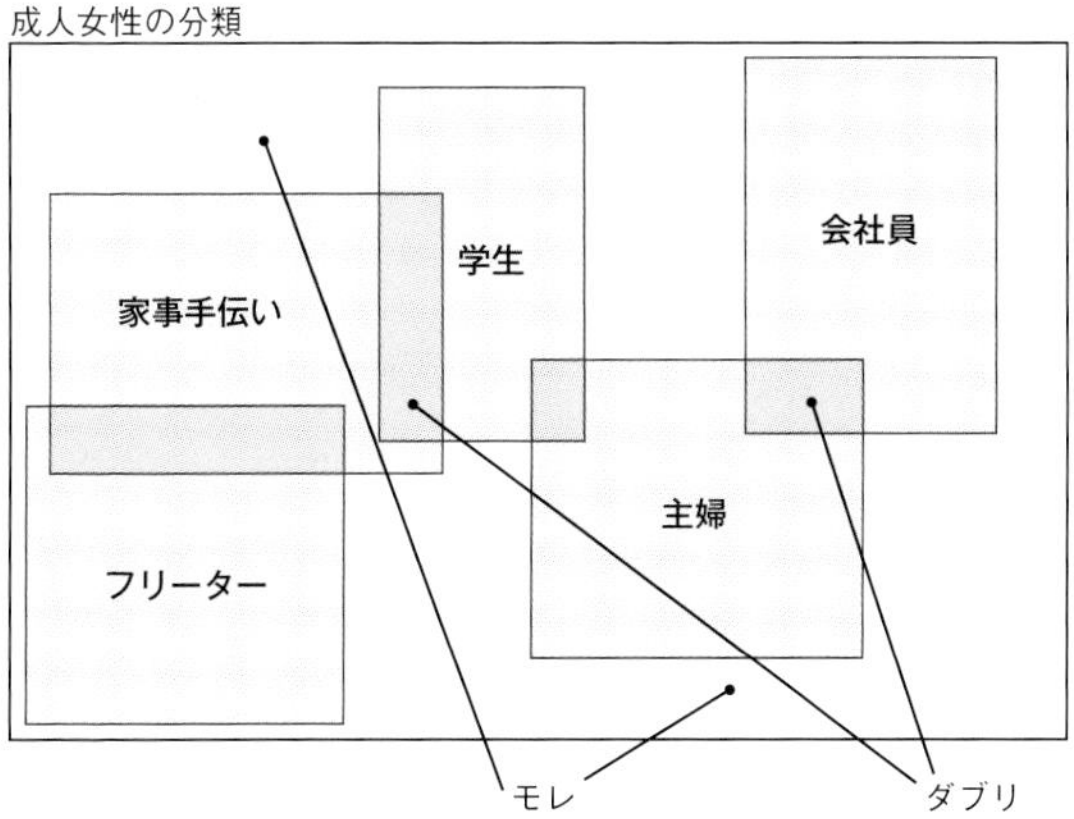

別の例として、「顧客」を先ほどのように「男性」「女性」に分けると、これはMECEになるのでしょうか？　一見、MECEに思えますが、今度は「法人」という重要な顧客がモレているため、これはMECEではありません。

このように、MECEで考えることは意外と難しいものです。特に普段からものごとをわかりやすく切り分けることに慣れていないと、思わぬ見落としや勘違いをしてしまうこともあります。

MECEに分類することは、ビジネスでは非常に重要です。

たとえば成人女性向けの商品開発をするときに、先ほどのMECEではない例のように「主婦」や「会社員」で分類して考えると、モレていた「自営業」の女性を取り込むチャンスをみすみす失ってしまいます。さらに、ワーキングマザーのようにダブって分類された人がいると、マーケティング分析をする際に無駄や混乱が生じてしまいます。

また、第1章で「論理的に考えるには土台やファクトのバランスが大切」と書きましたが、根拠たりうるファクトが五つあるのに、もしそのうちの二つがモレていたとしたら、そこから導き出された結論の信頼性は脆弱なものになってしまうでしょう。

**このようにロジカルシンキングにおいて精度の高い結論を出すには、重要な見落とし（モレ）がないか、同じことが無駄にダブっていないかをチェックすることが、非常に重要となるのです。特に、「モレ」は説得力や問題解決の効果をかなり削いでしまうため、注意したいポイントです。**

## MECEで考える鍵——MECEにこだわりすぎない

MECEが非常に重要だと書きましたが、MECEであることにとらわれすぎても本末転倒となり、かえってロジカルシンキングの妨げになります。

たとえば、先ほどの「成人女性」を分類する際に分け方を「会社員」「専業主婦」「その他」とすれば、これはＭＥＣＥといえるでしょう（「その他」という項目を入れれば、理論的にはモレは排除できます）。

しかし商品開発が目的のときに、この三つで分類したところで、それほどの効果は期待できません。このケースでは、あくまでもＭＥＣＥに分類するのはマーケティングのためであり、ＭＥＣＥに分けること自体が目的ではないのです。なんのために全体を分類するのかという目的をきちんと踏まえて、意味のあるＭＥＣＥを心がけなくてはなりません。

また、実際に、百パーセントモレなくダブリなくなんでも分類できるかというと、現実的にはなかなか難しいものがあります。先述した「人間」を「男性」と「女性」に分けるケースでいえば、性同一性障害の人などを考えると、厳密には百パーセントＭＥＣＥとはいえないかもしれません。

しかし、あまりに細かい部分にまでこだわって追求していると、時間ばかりかかってしまい、いつまで経っても話は先に進みません。何度も書いたように、ビジネスにはスピードが必要不可欠です。第1章でも書いたように、ある程度はざっくりとでかまわないので、スピードを意識しながら効率的に進めていくことが大切です。

**ざっくりしたMECEで話を進める際のポイントは、ダブリのほうは多少あっても仕方がないと割り切り、その代わりにできるだけ決定的なモレのほうをなくすことです。**

たとえば何人か集まってあるテーマについて調査する際に、世の中のさまざまな組織を「大企業」「中小企業」「官庁」と担当を割り振ったとします。すると、第三セクターのようなところは、複数にまたがって分類されてしまいますが、その辺はダブって両方の担当者が調べても大きな問題はありません。わざわざ第三セクターなどの例外のために、いちいち調整して担当を割り振るのも手間ばかりかかってしまいます。それよりも、どの分類にも入っていない要素が出てきてしまうことのほうが大きな問題です。この例でいえば、「NPO」などが抜けていると、目的によっては重要な見落としになってしまうかもしれません。

また、ビジネスの世界はどんどん状況が変わっていくものです。少し前まで、パソコンは「デスクトップ」と「ノートブック」に大きく分類されていましたが、今や「iPad」

のように従来のカテゴリーには入らない新しいものが現れました。スマートフォンやゲーム機も、実質的にはパソコンに近いものがあるでしょう。

**どんなに精緻なロジックを組んでも、三日後には状況が変わってくるのがビジネスの世界です。本来の目的を再確認し、過度にMECEにこだわりすぎないことも大切です。**

## 複雑な問題をシンプルにするロジックツリー

MECEを意識しながら、一つのことをどんどん分解していくのに便利なツールが「ロジックツリー」です。

これは一番左（あるいは上）に大本となるものごとやテーマを置き、そこから右（あるいは下）に向かって枝分かれしながら要素を書き出し、どんどん分解していくやり方です。その図解した形が、まるで木（ツリー）のようなところからこの名前がついています。

たとえば「生物」をロジックツリーで分類していくと、まず「動物」「植物」「菌類」

## 図表3◆ロジックツリーの例

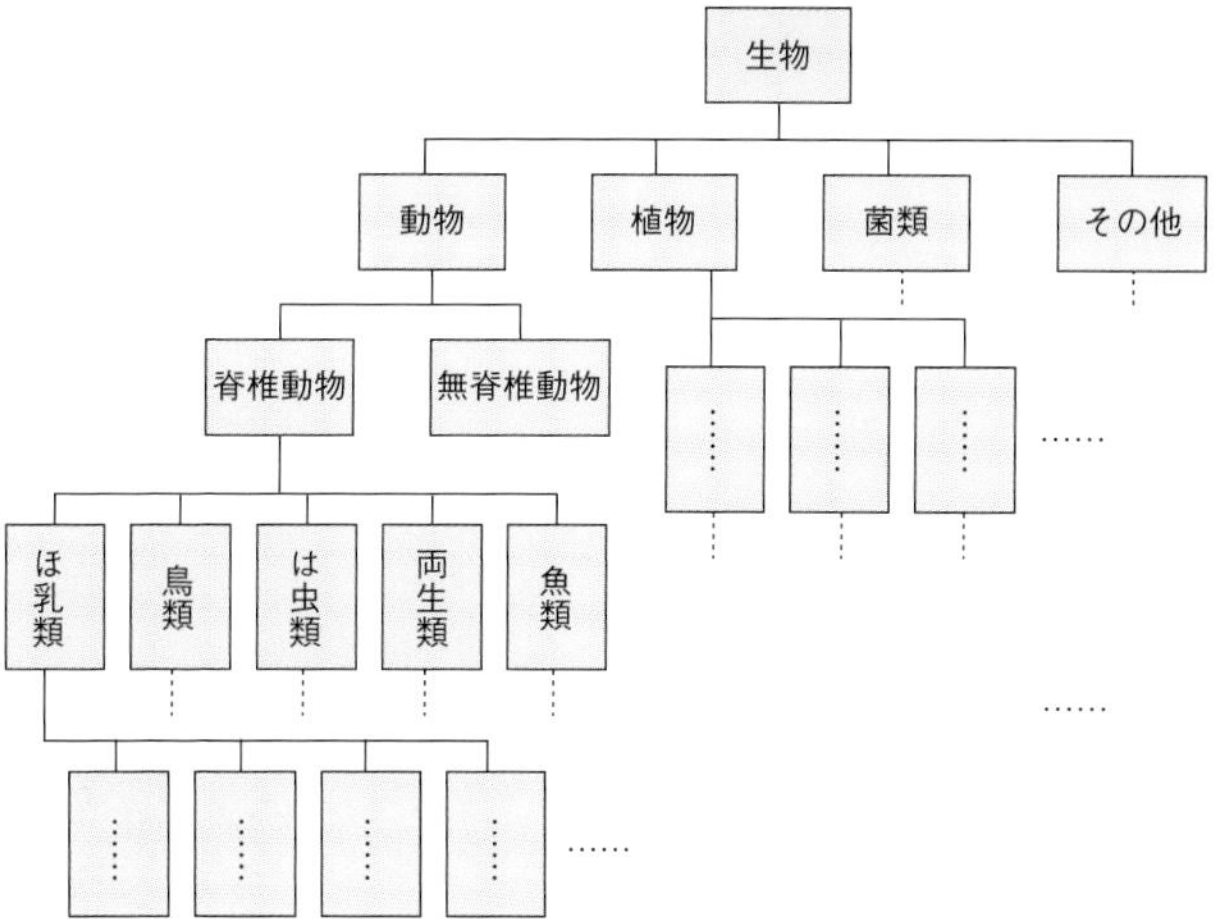


「原生生物」、「原核生物」に分かれます。

さらに「動物」は、「脊椎動物」と「無脊椎動物」に、そして「脊椎動物」は「ほ乳類」「鳥類」「は虫類」「両生類」「魚類」と分けられ、さらにそれぞれをまた細かく分けることができます。

図表3を見ると、一つのものから枝分かれしている要素がそれぞれMECEになっていることがわかると思います。

ロジックツリーのメリットは、図解することで複雑な構造がシンプルに表現でき、全体をイメージしやすくなることです。また、どこの要素が抜けているのか、どこが足りないのかがわかりやすく、モレを意識しやすいのも利点です。

**ロジックツリーを作る際のポイントはMECEのときと同じで、なんのためにやっているかを意識して分類することです。**たとえば同じ「生物」を分解するにしても、料理研究家ならまず「食べられる」「食べられない」の二つに分けるかもしれません。料理研究家にとっては、その分類が一番重要だからです。

このように同じ物を分解する場合でも、でき上がるロジックツリーはまったく違った形になります。作る人のセンスの見せどころといっていいでしょう。

## ロジックツリーが活躍する問題解決のプロセス

ビジネスの現場で、ロジックツリーが最もパワフルに使われるのが「問題解決」です。

たとえば、「コストの削減」という問題について、どの部分のコストを削減するのが有効かの検討は、ロジックツリーを使って図表4のように行うことができます。

## 図表4◆ロジックツリーの例

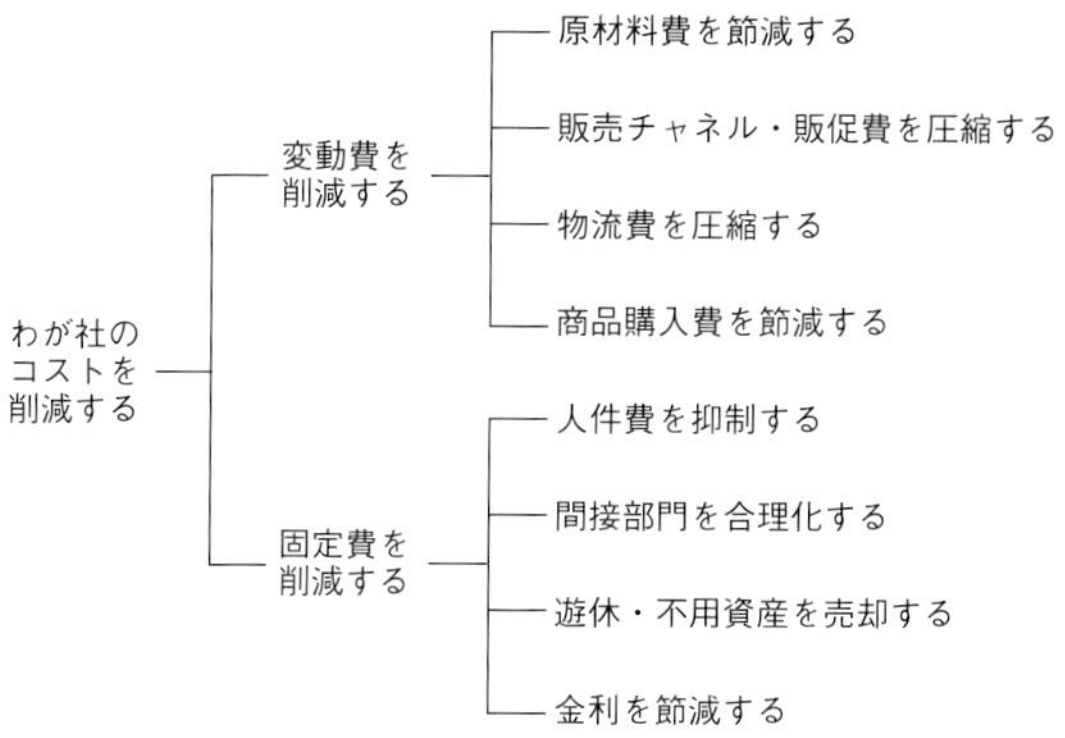


詳細は第5章で述べますが、ロジックツリーを問題解決に活かす際には、まず何が問題なのかを正しく理解したうえで、どこに問題があるのか、言い換えればどこが改善感度の高い箇所なのか（Where）、なぜその問題が発生したのか（Why）、どのような解決策があるのか（How）の順で、ロジックツリーを活用していきます。

効果的にロジックツリーを使うことで、複雑な問題であってもその原因を正しく見極め、段階を踏んで解決策を見つけ出すことができるのです。

# 3

# 応用しやすい「マトリックス」

## 二次元で視覚的に分析する

「マトリックス」は情報の整理や分析によく使われる型で、ものごとを構造的に把握するうえでも代表的なツールといっていいでしょう。情報を二つの軸（切り口）によって図表化することで、複雑な内容が視覚的かつ直感的に頭に入ってくるようになります。

「マトリックス」には、大きく分けてテーブル型とポジショニングマップ型の二つのタイプがあります（図表5）。

テーブル型は、「メリット／デメリット」「重要度が高い／重要度が低い」など、定性的

## 図表5◆マトリックスの2つのタイプ

テーブル型

| | 重要度が高い | 重要度が低い |
|---|---|---|
| 緊急度が高い | ・案件A<br>・案件H | ・案件B<br>・案件G |
| 緊急度が低い | ・案件C<br>・案件F | ・案件D<br>・案件E |

ポジショニングマップ型

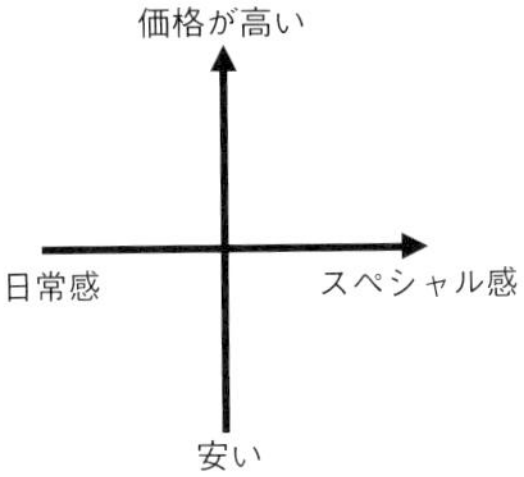


な側面から情報を整理するときに多用されます。

第1章でも少し触れたＳＷＯＴ分析も、代表的なテーブル型のマトリックスです。

**テーブル型のマトリックスを作る際には、情報がどちらの枠に分類されるかを明確にすることが大切です。**

たとえば自分の抱えている仕事を、図表5左のような重要度と緊急度のマトリックスで分類する際に、「この仕事の重要度は中くらいだな」などとあいまいなことを言っていてはマトリックスは完成しません。ある程度割り切って「重要度が高い／低い」を明確にして枠に書き込みます。

その代わりいったん分類してしまえば、その後の行動も明確になります。たとえば「重要度と緊急度の高い仕事が終わったら、緊急度が低くても重要度の高い仕事を優先させる」と決めることで、どの仕事から手をつけるのか迷いがなくなり、より効率的に業務をこなすことができます。

**一方、ポジショニングマップ型のほうは、「〝どのくらい〟重要か」「〝どのくらい〟緊急か」のように、程度や、同じ象限の中でも相対的な位置が重視されるツールです。**数値でしっかり位置を特定できる場合には、軸にスケールを入れてプロットします。

テーブル型ほど明確に各セルに分類できるわけではありませんが、その分、より視覚的で直感に働きかけることができます。

たとえば、レストランチェーンの業界を分析するときに、

・Aチェーンの特徴は……
・Bチェーンの特徴は……
・Cチェーンの特徴は……

と文字で書かれていたら、いくら正確な情報であっても、それらの相対的な位置づけをただちに理解するのは難しいでしょう。しかし、同じ情報を図表5右の「価格が高い／安い」と「日常感／スペシャル感」のポジショニングマップで分析すると、

「Aチェーンが、最も値段が高く、スペシャル感もある」

「値段が安くてスペシャル感のあるレストランチェーンのポジションが今空いている。そこにビジネスチャンスがある」

といったことを、直感的に導き出すことができます。またそれを他の人に伝えるときも、こちらが主張したい内容をすぐに理解してくれるでしょう。

このようにどちらのマトリックスも、視覚的、直感的に訴えかける力があるため、分析や仮説出しがしやすく、また他の人に説明するときも、わかってもらいやすく、説得力が高まります。

マトリックスの有用な点は、たった二つの軸を組み合わせるだけで、複雑に入り組んだ情報が非常にわかりやすく整理でき、また一つの切り口だけではわからなかったことが立

体的に見えてくることです。

## マトリックスの善し悪しを決める二軸の選び方

マトリックスのもう一つのよさは、軸の組み合わせが無限にあって初心者でも応用がしやすいという点です。

先ほどはレストランチェーンを「価格」と「日常感／スペシャル感」の二軸で分析する例を出しましたが、これを「丁寧な接客／シンプルな接客」「店舗面積が広い／狭い」という二軸で分けると、また違った分析結果が導き出されます。「多人数向き／少人数向き」「ヘルシー感がある／ない」の二軸で分けてもおもしろいでしょう。

二軸の組み合わせ方を変えると、分析結果も自ずと違ってきます。これまでなかった二軸で分析することで、誰も気がつかなかった新しい事実や、さらにはビジネスチャンスを発見することも十分にありえます。

逆に言えば、自由度が高いだけに二軸の取り方が非常に重要となります。よい軸を選べばよい分析結果が得られますが、軸の選び方が適切でなければ、得られる結果もいま一つのものにしかなりません。

マトリックスの軸の選び方に、「こうすればよい二軸が選べる！」という正しいやり方はありません。ある程度の経営知識があるという前提ですが、五割くらいはセンスがものをいいます。

そうしたセンスを磨くには、まずは、「SWOT分析」（一一六ページ）や「アンゾフのマトリックス」（一二一ページ）といった、有名なマトリックスを実際に使ってみることです。有名なマトリックスはそれだけよくできているので、そこから学ぶことは多いでしょう。

さらには、有名なマトリックスを自分で改良して使ってみるのも有効です。その際には、机上で考えるのではなく、現場を見たり、イマジネーション豊かにビジネスを動画として思い浮かべ、どのような軸が分析に役立ちそうかを発想することが有効です。

Q&A

## 三軸のマトリックスは複雑すぎる

――二軸を組み合わせるだけでこれだけわかりやすく有意な分析ができるのなら、もう一つ軸を足して三軸のマトリックスを組んだらもっとよい分析ができるのではないでしょうか。

**嶋田** たしかに、パソコンを使えば、三軸のマトリックスを書くことも難しくはありません。また、ポジショニングマップのプロットの色や大きさを変えることで、擬似的に三軸のマトリックスを作ることもできます。たとえば、有名なBCGポートフォリオは、この方法を用いて実質的に三つの要素を表しています。

しかし、三軸のマトリックスに関しては、使ってはいけないとまでは言いませんが、かなりわかりにくくなってしまいます。人間の脳の処理能力には、残念ながら限界があります。情報量が増えすぎると、マトリックスのメリットであった直感的な理解がしにくくなってしまうのです。

たとえ三軸で素晴らしい創造的なマトリックスができても、そこから分析結果が導き出せなかったり、他の人に見せても理解してもらえなければ、まさに本末転倒です。マトリックスを作る意味がなくなってしまいます。

情報は多ければよいというものではありません。むしろ氾濫する多くの情報から、意味のある要素を見つけ出して絞り込むことがロジカルシンキングでは重要です。

## 必ずしも、軸が独創的であること＝よいことではない

**――二軸の組み合わせは独創的なほうがよいのでしょうか。**

**嶋田** 必ずしもそうとは言えません。要は、ビジネスを前進させるような分析や仮説

出し、コミュニケーションができるかが鍵です。

悪い例としてよくあるのは、マトリックスを作ることが目的となってしまっているケースです。いくら綺麗なマトリックスを作ることができても、目的に合っていなければ意味がありません。

たとえば、レストランビジネスで競合との差別化を図る際に、競合と違う点を浮き彫りにしようとして、「従業員給与のよさ」「会社の財務的安定性」といった軸を出しても、顧客にとっては何の意味もありませんから、効果的な手立てにはつながらないでしょう。ただし、このようなマトリックスは、新卒採用担当者であれば有効に使うことはできるかもしれません。

# 4 「フロー図」で流れを表現する

## 全体を流れ（フロー）でとらえ、構造把握や問題解決に役立てる

作業工程や因果関係などの時間的な流れのある関係を、わかりやすく可視化するために使われるのが「フロー図」です。

フロー図の書き方で最も一般的なのは、図表6（八三ページ）上のように四角で囲んだ項目を矢印で結んだものです。それ以外に、図表6下のようなものもフロー図の一種といってよいでしょう（ちなみに、この下のフロー図は、グロービス経営大学院の学生生活の流れ〈二〇一一年現在〉を示しています）。

**ビジネスは数多くの要素が動的に複雑に絡み合っています。そうした動的な動きを考える際には、時系列や因果関係など、流れに沿って考えて整理すると、理解しやすくなります。**

たとえば、あるプロジェクトに関して部下に指示を出す際、忙しいと何から手をつけさせればいいのかわからなくなってしまうことがあります。そんなときに作業工程をフロー図で示すと、「この工程が始まる前にこっちを処理しておこう」と、必要な作業を指示するほうもされるほうもはっきりします。

またトラブルが発生した場合や工程を改善する場合でも、フロー図の形でものごとをとらえると、「一連の流れのどこに問題があったのか」「どこを改善すればよいのか」「何がボトルネックなのか」といった点を明確化しやすくなります。

オペレーションやマニュアルも、フロー図と相性がよいものといえます。

たとえばファストフード店では注文を受けてから商品を出すまで、「厨房への伝達」「調理」「袋詰め」「会計」など、数多くの工程を必要とします。それを一秒でも早く効率的に

## 図表6◆フロー図

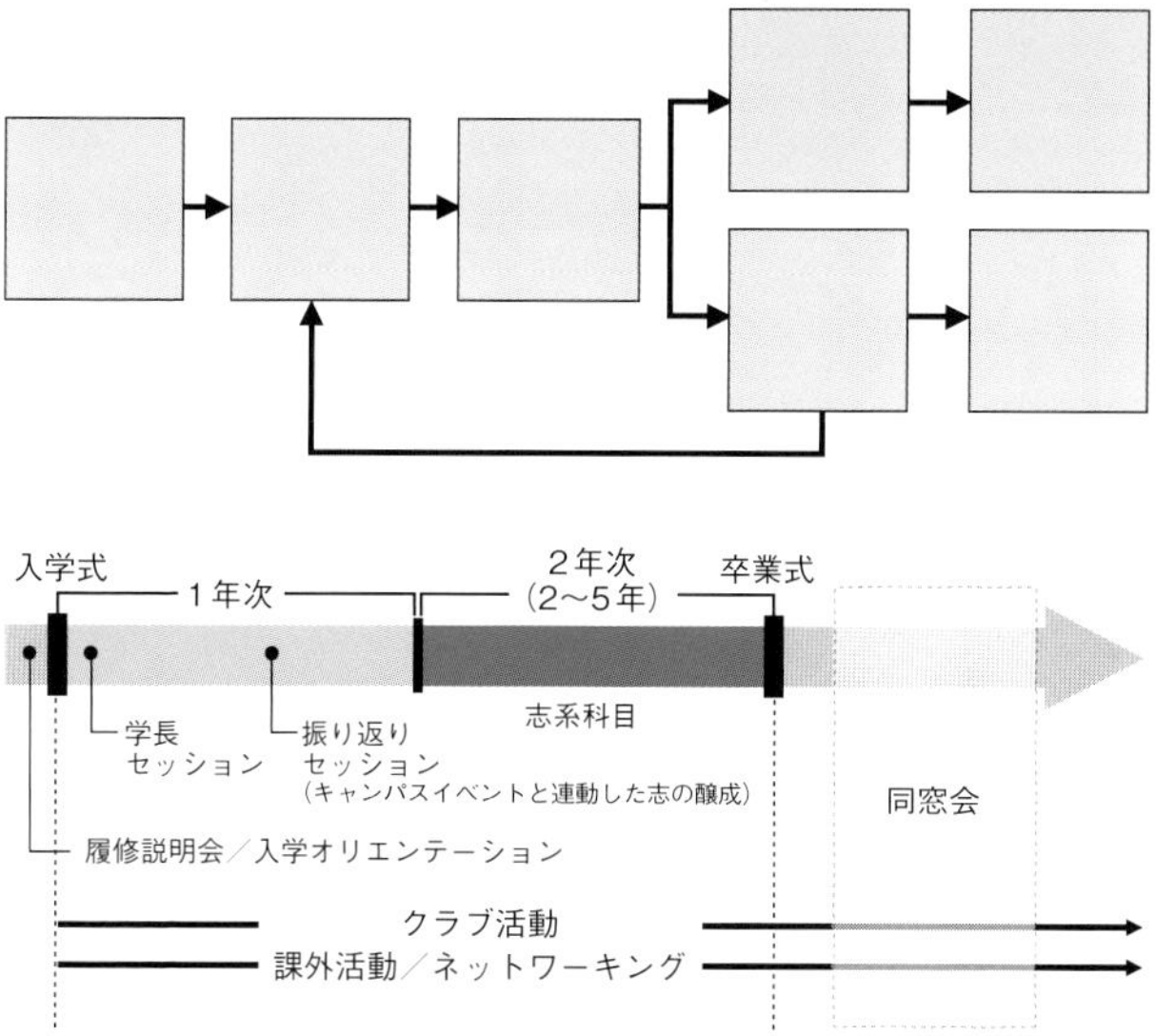


こなすには、どの順番で何と何を同時並行してやればいいのかといった作業の流れを可視化することが非常に重要です。これがしっかりなされていれば、どこを変えればより時間を短縮できるかといった改善も考えやすくなります。

　オペレーションやマニュアルはロジカルシンキングの応用編といったところですが、そういうことを意識してみると、日々の作業がより効率的になるはずです。

# 5 整理して視覚化する「関係図」

## より現場に即した使い方ができる関係図

この章の最初で、ものごとを構造的にとらえて全体を把握することがロジカルシンキングにおいては重要だと書きましたが、含まれる要素や人の関係・つながり、あるいは出来事の因果関係などが視覚的に見えるように整理した図を「関係図」といいます。

たとえばイズミ農園という有機野菜の直売ビジネス企業があるのですが、そのビジネスモデルを伝える際に、「自社の独自農法のノウハウを契約農家に指導することで高品質の有機野菜の供給を確保し、同時にファミレスと長期契約を結んで需要を安定化させる。さ

### 図表7◆関係図の例　イズミ農園のビジネスモデル

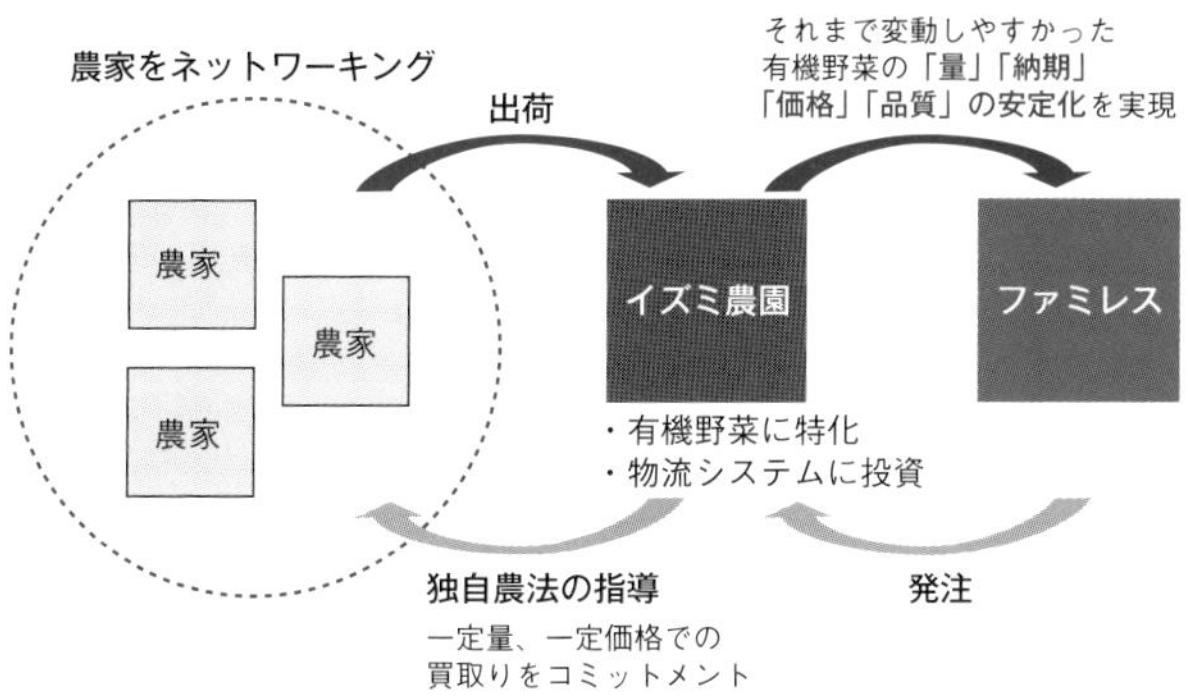


らに物流システムにも投資をして……」などと言葉で説明しても、なかなかピンとこないでしょう。

それを図表7のような関係図にして説明すると、どのようなステークホルダーとどのような関係を構築していて、どこがユニークで優れているかといったことが、スムーズに頭の中に入ってきます。**目に見えない「関係」というものを見える形で表すことで、理解や整理、分析の大きな手助けとなるのです。**

人間関係のネットワークや影響力などを図式化した「ソシオグラム」も関係図の一つです（次ページの図表8）。たとえば営業先の会社の人間関係をソシオグラムにまとめると、「担当者に影響力を持っている上司や他部門の先輩に強くアピールすると有効だ」といった戦略が見えてきます。

ビジネスプランニングでよく使われる関係図に、「五つの力」があります。これを使って「競合」「売り手」「買い手」「新規参入」「代替品」という五つの力を分析することで、業界の競争要因や収益構造の把握が容易になります（図表9）。

関係図の基本的な形としては、まずいくつかの要素があり、それらを矢印や線で結んでつながりを示します。先述の「フロー図」な

**図表8◆関係図の例　ソシオグラム**

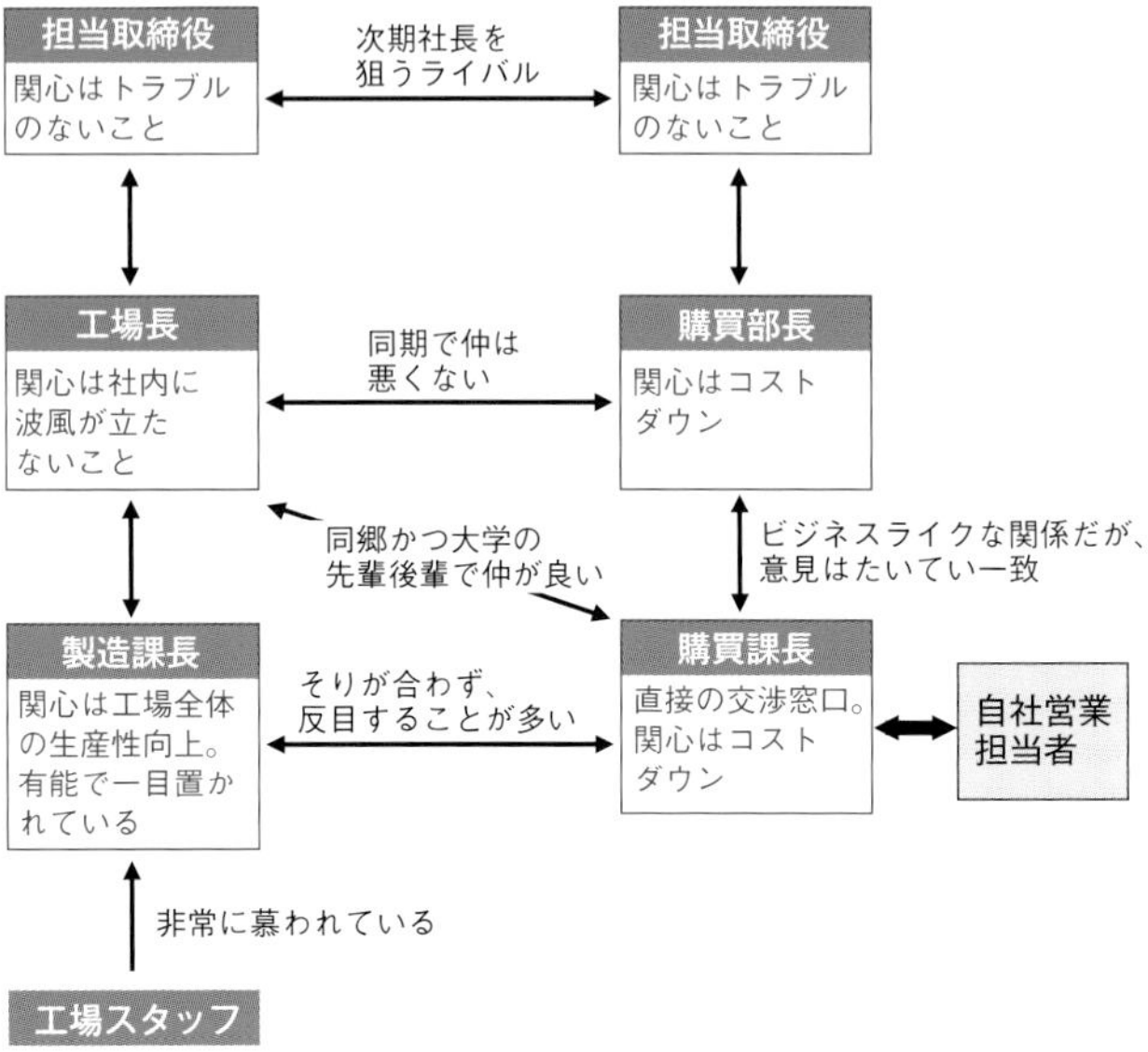

## 図表9◆関係図の例　5つの力

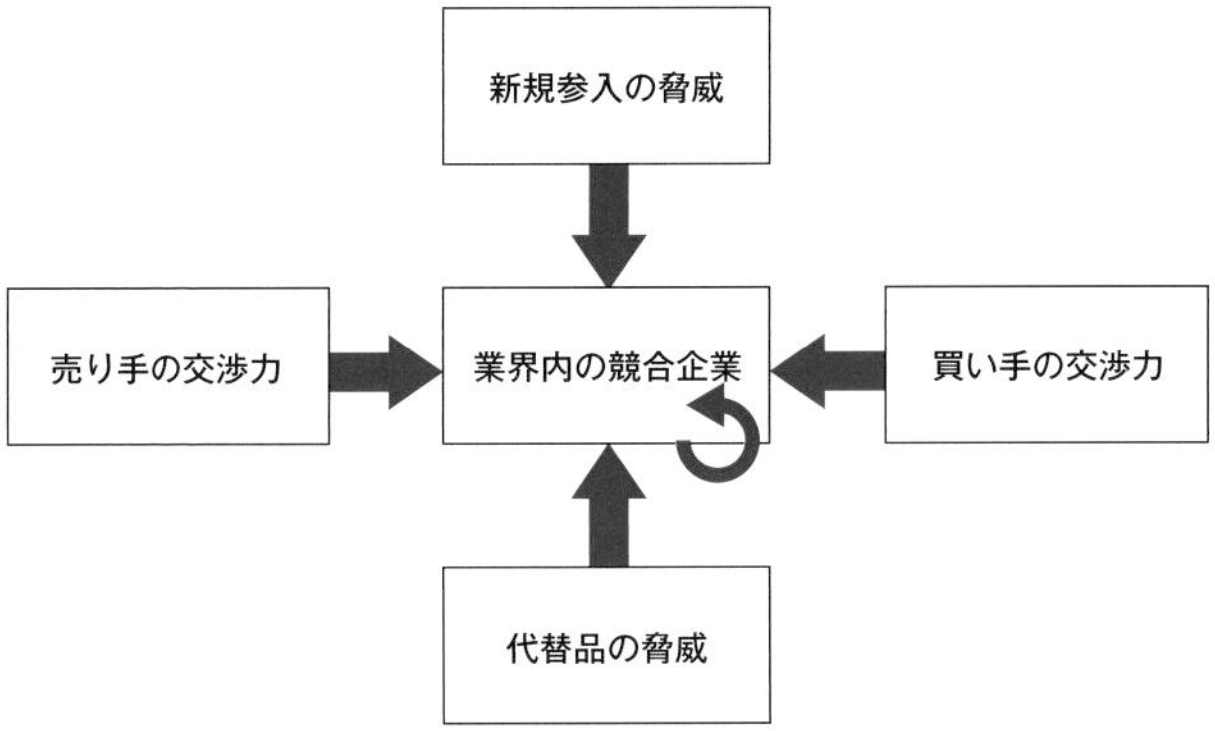


ども、広い意味では関係図の一種といっていいでしょう。

ただ「関係図」という「型」は、これまで出てきた「型」に比べると、より自由度が高く、ビジネスの現場に即したものとなります。「ロジックツリー」「マトリックス」「フロー図」はより透明で純粋な概念であるのに対し、「関係図」はもう少し現状に即した意味や目的を含んでいるものといえるでしょう。

その意味では、これまでの三つに比べ、少しアドバンスの型であり、よりビジネスの現場経験や経営知識を持っていないと使いこなすのは難しいといえます。

## 関係図に出てくる要素はMECEに

「関係図」を考えるうえでのポイントは、まずそれぞれの要素がMECEであることです。もちろん完璧なMECEというものを求める必要はないので多少のダブリはあってもかまいませんが、重要な要素や関係者については、できるだけモレをなくしたいところです。

しかしその一方で、要素や関係者をすべて書き出すというのも現実的ではありません。たとえば営業先の会社のソシオグラムを作るとき、それほど重要ではないよその部署の人など全社員の関係図を作っても、時間ばかりがかかってまったく意味がありません。自分が商品を売り込むのに考慮すべき人間だけを選び出す必要があります。

関係図は自由度が高いだけに、シンプルかつ意味のあるものを作るにはセンスと経験が必要となります。きちんと使いこなすことができれば、このうえなく強力な武器となるでしょう。

# 6 仮説検証で効率化アップ

## 情報を集めるには着眼点が必要

ロジカルシンキングのための最後の「型」は、「仮説検証」です。

これまで解説してきた「型」は一種の「枠」であり、図解で表現できるようなものでした。それらは、何かを主張するときの土台（柱）ともなりますし、基本的な分析ツールともなります。ものごとを構造的にとらえるための武器ということもできるでしょう。

一方、仮説検証にはそのように目で見える枠はありません。仮説検証は、ロジカルシンキングをより効率化させるための「考えるプロセス」なのです。その点、他の型とは性質の違ったものになりますが、ロジカルシンキングを理解・実践するうえでは他の型以上に非常に重要な要素となります。

さて、第1章で、ロジカルシンキングの基本として「ファクトに結びつける」というルールを学びました。通常、ある論点・課題が与えられたときは、まず論理のベースになるファクト、つまり情報を集めることから入ります。

しかし、なんの方針もなくただ漠然と情報を集めていては、時間ばかりかかっていつまで経ってもその先に作業を進めることはできません。

たとえば、新しく開店するレストランの企画書を作るのに、立地を決めるために日本全国の繁華街の情報を集め、メニューのために世界中のあらゆる料理を調べ、どんな店がはやっているのかを調べるためにあらゆる情報誌を読み……なんてことをしていたら、企画書が完成するまでにそれこそ何年もかかってしまいます。

そこで役立つのが、これまで紹介してきた四つの型であり、またここで紹介する仮説検証というプロセスです（図表10）。

## 図表10◆仮説思考と一般的な思考法

●一般的な思考法
なんの方針もなく漠然とリサーチや情報収集を行っているので
時間がかかりすぎる

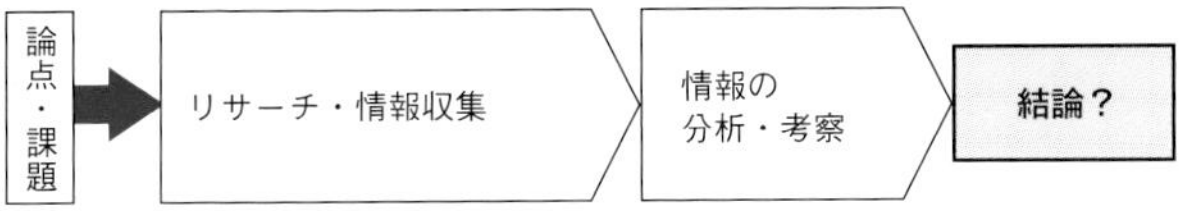


●仮説検証
仮説を元に情報を絞り込んでいるので、
早くより良い結論にたどり着く

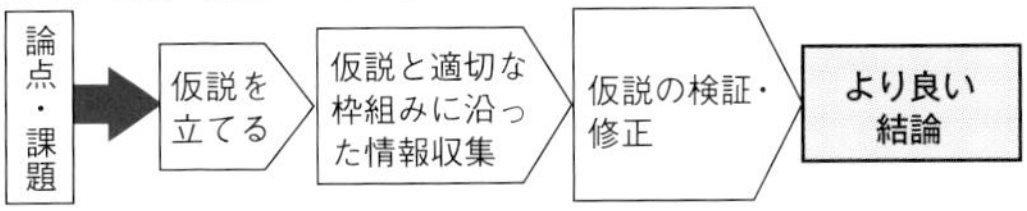


まずは手持ちの限られた情報の中から、目標の達成・問題解決になりそうな仮の結論（仮説）を最初に立ててしまいます。仮説は、この時点で必ずしも正しい結論である必要はありません。可能であれば、他人が思いつかないようなクリエイティビティがあるとさらによいといえます。

次のステップは、仮説の検証です。

立てた仮説を元に、「どのような情報を集めればそれが検証できたといえるか」を考え、「枠」を作って情報を収集し、検証、修正を行っていきます。この「枠」として有効なのが、これまでに紹介してきた「型」です。検証の結果、仮説に誤りがあれば修正し、再度検証します。これを繰り返すことで、より精度の高い最終的な結論を導き出します。

レストランの企画の例であれば、まずはこれまでの経験やノウハウ、手元にある情報から「こういうスタイルのレストランにすれば人気が出る」という仮説を設定します。そのうえで、「本当にそんなレストランなら人気が出るのか」ということを確かめるためのリサーチを行います。漠然と情報を集めることに比べると、はるかに効率よくビジネスを進めることができます。

たとえば、マーケティングのポジショニングマップや、4Pなどのフレームワークを使って分析を進めます。その結果、「もう少し客単価の安い店にしたほうがいい」といった分析結果が出たら、仮説を修正し、また検証を行うことで、結論に近づいていきます。

## 仮説の立て方と検証のポイント

さて、仮説検証では、最初にどれだけ精度の高い仮説を立てられるかが一つのポイントに

**なります。**常日頃からバランスよくアンテナを張って情報を集めておくと、そこで得られたファクトをベースに、「こんなことが言えそうだ」という精度の高い仮説が立てられる可能性が増します。精度が高いと、それだけ早く正しい結論にたどり着く可能性も高まります。逆に仮説が見当違いの方向にいっていれば、何回も検証と修正を繰り返さなければならず、時間のロスになってしまいます。

仮説を立てるためには、常日頃から好奇心や問題意識を持って情報を集め、さらに、「そこから何が言えそうか」と自問する習慣をつけることです。たとえば、「出版社で返本された書籍の在庫が増えている」という情報と、「最近、共同購入クーポンビジネスがはやっている」という情報があるなら、「廃棄するくらいなら、そうした書籍の共同購入ビジネスが成り立つのではないか」という仮説が立てられます。

あるいはさらに突っ込んで、「そうした書籍の価格を適切に設定すること自体がビジネスにならないか」などと考えることもできます。もちろん、これが本当に成り立つかどうかは実際に調べてみないとなんとも言えませんが、まずは「何が言えそうか」と、仮説＝「仮の結論」を立てる習慣づけが必要です。

こうした訓練をしていれば、よい仮説を立てる一定のレベルまではたどり着けるでしょう。ただ、何事もそうですが、あるレベルからは、もう経験やセンスの問題になってきます。普段から多くの仮説検証を繰り返し、経験を積みセンスを磨くしかありません。

医師の診断や警察の捜査も、一種の仮説検証を元に進められます。医師は最初の診察で「おそらくこの病気だろう」と当たりをつけた後、その周辺の詳しい検査を行いますし、警察も「おそらく犯人はこういう人物だろう」という犯人像を作り、それに当てはまる人物を捜します。

よい医師や刑事はまるで直感のように正確に病気や犯人像を言い当てますが、それはただ当てずっぽうに言っているのではなく、長年の経験に裏付けられているのです。

仮説の立て方を述べましたが、現実的には、アイデアが新規性に富むものであればあるほど、仮説の精度が落ちるのが一般的です。たとえば、今までになかったような新商品であれば、どのような商品設計にするのがいいか、価格はどうすべきかなど、最初から答えに近い仮説を立てるのは、かなり困難です。

それゆえ、最初に立てた仮説がそのまま「それでいい」と証明されるに越したことはありませんが、間違っていることを過度に恐れる必要はありません。たとえ仮説が間違っていても、そこにいたるまでの情報と分析結果が得られるため、決して無駄にはならないからです。

そこから新たな仮説を設定し、さらなる検証を重ねていけば、結果としてやみくもに情報収集するよりも、早く正しい結論にたどり着くことができるのです。

正しい検証のやり方も重要です。こちらは第1章の「なぜなら」「だから」が強烈に効いてきます。

集めてきたファクトと仮説が「なぜなら」「だから」でつながらなければ、どこかに誤りがあるということなので仮説を修正していきます。そして新たな仮説を元に新たなファクトを集め、検証します。検証とは、仮説とファクトの間を行ったり来たりする作業だといってもいいでしょう。

ここでも、スピードは重要です。仮説検証を繰り返すほど結論の精度は増しますが、ビジネスである以上、いくらでも時間をかけられるわけではありません。もともと効率的に考え時間を短縮するために仮説検証があるのに、そこで必要以上に時間を費やしていては本末転倒というものです。

すでに何度も述べてきましたが、ビジネスにおけるロジカルシンキングでは百パーセント精緻である必要はありません。多少ラフでもいいから、パワフルにどんどん先に進めていくことが大切だということを忘れないようにしましょう。

# 第3章

# フレームワークで時間も労力も節約する

# 1

# フレームワークはビジネスを加速する便利ツール

## 使いこなせばビジネスで大きな武器になる

第2章で解説した「型」を使えば、さまざまな要因が絡まり合う複雑なビジネス環境を、必要に応じた視点から整理することができます。

たとえば、自らの仕事の必要に応じてパラメータを設定してMECEに分けたり、二軸で位置づけを確認したりということができれば、それはビジネスの現場において大きな武器になります。

本章では、最終的に各自がより効果的なフレームワークを自分で作れるようになるための参考として、広く世に認められた代表的なフレームワークを見ていくことにします。

また、これらのフレームワークを知っておくと、自分で一から考える場合よりも時間と労力が節約でき、また検討項目のモレを防ぐ意味でも有効です。ぜひマスターしてほしいと思います。

それに先立って、まずは「フレームワークのよりよい使い方」について考えていくことにします。

## 2 むやみに使うのは無駄

### 目的に合ったフレームワークを使う

フレームワークを上手に使うと、分析やプレゼンテーションなどをより高いレベルで効率的に行うことができます。

ただ、便利なツールであるだけに、深く考えずにフレームワークを埋めて他人に見せるだけの人も少なくないのですが、それではせっかくのフレームワークを十分に活かすことができません。フレームワークを上手に使いこなすには、いくつかのポイントを押さえることが大切です。

フレームワークには、それぞれに目的や特性があり、そこを考えて最も適切なフレームワークを選ばなくてはなりません。たとえば、業界の魅力度を知るにはポーターの「五つの力」、具体的なマーケティング施策について考えるなら４Ｐといった感じです。

フレームワークは、空欄を埋めただけでなんだか分析ができたような気になるため、特に初心者ほど目的や個々の特性を考えずに、必要もないのに知っているフレームワークを使いがちです。

たとえば、後述の「五つの力」というフレームワークは、未経験の業界に新規参入する場合に、その業界の魅力度を知るという意味では非常に役立ちますが、具体的なマーケティング分析にはあまり役立ちません。

フレームワークを必要もない場面でむやみに使うのは、ゴルフでドライバーショットを習ったからといって、バンカーでもグリーンでもドライバーで打とうとするようなものです。よいスコアを出すためには、バンカーではサンドウェッジ、グリーンではパターと、その状況で最も適切な道具を選ぶことが大事。フレームワークも一緒です。

## イメージで考える

フレームワークで分析する際には、字面だけで考えるのではなく頭の中に具体的なイメージを浮かべるといいでしょう。

たとえば、二十代のＯＬのニーズを考えるなら、実際に二十代のＯＬを頭の中で思い浮かべることが大切です。「朝起きて出勤まではこんな行動をする」「こういうところで買い物をして、こういうファッションに興味を持っている人が多いだろう」といったことを、頭の中でイメージするわけです。そうしたイメージがないと、実態から遊離したものしか出てきません。

コンサルタントがよく使う言葉に、「ロジック＆イマジネーション」というのがあります。

ビジネスは理屈が必要であると同時に、結局は人を説得し動かしてこそ価値があります。マーケティングであれば、まずは買ってほしいターゲット層をイメージしなければ、商品設計がどうのこうのという話をしても意味がないのです。

## 作った／埋めたことで満足しない

フレームワークはロジカルシンキングを加速させるためのツールであり、それ自体が目的ではありません。

しかしロジカルシンキングのクラスで受講生にオリジナルのフレームワークを作ってもらい、それに沿って分析をしてもらうと、一見きれいですっきりとまとまっているものの、何のために作ったフレームワークなのかわからないケースが少なくありません。

ロジカルシンキングの大きな目的は、説得力のある結論をスピーディに出すことです。フレームワークも同じで、「このフレームワークを作った結果、こういう分析結果、あるいはメッセージが導き出されます」という状況を生み出すことが目的なのです。

**フレームワークを作る段階で、「なんのためにこのフレームワークを作っているのか」「ここから何を伝えたいのか」ということを、頭の片隅で常に意識するようにしてください。**

## 有名なフレームワークは強力なコミュニケーションツールにもなる

フレームワークは、これまで数多く作られていますが、特に有名なフレームワークは、過去の優秀なビジネスパーソンによって磨き上げられた、いわば先人の知恵の結晶であり、さまざまなビジネスシーンで使える便利ツールといっていいでしょう。基本的なフレームワークを使いこなせるようになると、生産性は大幅にアップします。

たとえば、新規事業について口頭で一から説明しようとするとかなりの時間と労力が必要ですが、このあと説明する3Cというフレームワークで分析した紙を見せながら話せばすぐに情報を共有できます。それは3Cをほとんどのビジネスパーソンが知っていて、一目見ればその内容を把握してくれるからです。**有名なフレームワークは、ビジネスパーソンにとっていわば共通言語のようなものなのです。その共通言語を使うことで、組織内の意思決定やコミュニケーションの速度は格段に上がります。**

それでは、以下に代表的なフレームワークを見ていきましょう。

# 3 全体像をシンプルにできる3C（MECE）

## 事業環境を浮き彫りにする3C

まずは、ビジネスの環境分析である「3C」を取り上げます。3CはMECEのフレームワークの中でも非常に単純かつ秀逸なものです。

「3C」とは、市場・顧客（Customer）、競合（Competitor）、自社（Company）の頭文字をとったもので、ビジネスを三つの異なった視点から見ることで、そのビジネスにおける課題や成功要因を見つけ出し、これからの戦略を考えるために使われます。

**このフレームワークが重宝される理由は、「市場・顧客」「競合」「自社」という項目の、**

## 図表11◆3Cの代表的な項目

| | 入る要素 |
|---|---|
| Customer：市場・顧客 | ・市場規模、成長性<br>・セグメント<br>・ニーズ<br>・構造の変化<br>など |
| Competitor：競合 | ・寡占度（競合の数）<br>・参入障壁<br>・価格競争の有無<br>・競合の強さ・弱さ<br>など |
| Company：自社 | ・市場シェア<br>・ブランドイメージ<br>・技術力、販売力<br>・経営資源<br>など |

**バランスがよく、またMECEとして絶妙だという点にあります。**この三つを押さえておけば、事業の大枠について、考えなければならない要素を大きなモレもダブリもなくカバーすることができます。厳密には販売経路など、モレている要素も多少ありますが、それでもこの三つを見れば、ビジネスの全体像を大まかに把握することはできます。

これがもし「市場・顧客」「販売経路(Channel)」「自社」の三つだと、ダブリはありませんがモレがあまりにも大きくなりすぎてしまいます。「市場・顧客」「競合」「自社」「販売経路」という四つのCで考えることもありますが、販売経路がそれほど重要ではないビジネスの場合、やや冗長感が出てしまいます。やはり「市場・顧客」「競合」「自社」という三つが、最大公約数的には最もバランスが取れているのです。

3Cの枠を埋める際には、それぞれの項目に、図表11に示したような内容を書き出していきます。

これらの要素をすべて書き出すとかなりの量になり結果が複雑になってしまうので、実際に3Cを埋める際には重要と思われる要素を抜粋して書いていきます。

例として、サントリーの清涼飲料事業を3Cで表すと、図表12のようになります。

## 図表12◆3C　サントリーの清涼飲料事業の例

| | |
|---|---|
| Customer：市場・顧客 | ・国内市場は頭打ち<br>・顧客ロイヤルティは全体的に高くはなく、価格を重視する層も増えている<br>・近年、あまり有望なセグメントは生まれていない |
| Competitor：競合 | ・コカ・コーラが非常に強い（チャネル・広告）<br>・茶系飲料では、伊藤園が特に強く、売上げを伸ばしている<br>・プライベートブランドが増えている<br>・競合は多い |
| Company：自社 | ・自動販売機数はコカ・コーラに次ぐが大差<br>・多数の有力商品を持つ<br>・酒類部門とのシナジーが効く<br>・広告はうまい（多額の広告投資）<br>・商品開発力に一定の評価がある<br>・売上高販促費率が高い |

チャネルという最大のＫＳＦ（成功のカギ）でコカ・コーラの後塵を拝しており、ヒット商品を出してもすぐに模倣されます。広告などで差別化したいところです。また、国内市場が頭打ちであることから、国内市場への依存度を下げる必要があるでしょう。

こんな簡単な表にまとめるだけで、サントリーの清涼飲料事業の置かれている経営環境や今後の課題などが大まかに見えてくることが実感できるでしょう。

## マジックナンバー3

繰り返しになりますが、３Ｃの優れている点として、そのシンプルさがあります。ロジカルシンキングはコミュニケーションの手段でもあるので、できるだけわかりやすくシンプルであることが求められます。

たとえば社長から「このビジネスどうだ？」と聞かれたとき、「いけそうです。なぜならお客さんに購買動機がありますし、強い競合もいません。またわが社には技術力という強みがあります」

と短い時間で答えることができるようなら、多くの人を説得するのも容易なはずです。

簡潔にものごとを説明するトレーニングとして、「エレベータートーク」というものがあります。これは、エレベーターに乗っているときはどんなに忙しい上司でも手が空いているので、その短い時間に報告をすませるというトレーニングです。エレベーターに乗っている時間に話を終わらせようと思うと、三つくらいの根拠で話すのがせいぜい。これが五つも六つもとなってくると短時間では終わりませんし、上司としても一度に把握しきれなくなります。

三つというミニマムな要素でビジネスの大まかな部分をカバーできるところが、３Ｃが数多くの人に活用されている理由です。

## 3Cを使いこなすポイント

3Cに限らずフレームワーク全般に共通することですが、うまい人と下手な人の最も大きな違いは現場に根ざしたビジネス感覚を持っているかどうかです。

たとえば前出のサントリーの清涼飲料事業の例で、「プライベートブランドが増えている」と書きましたが、そこに気がつく人と気がつかない人がいます。普段から業界やマーケットに対して問題意識を持っている人、デスクワークばかりでなく現場に出ている人であれば、「大手スーパーでプライベートブランドのペットボトルが増えてきている」ということに自然と気がつきますし、3Cを埋めるときにそれが頭に浮かんでくるでしょう。

ロジカルシンキングの基本で「ファクトに結びつける」というルールを挙げましたが、日頃から問題意識と現場感覚を持ってファクト収集のレベルを上げることがフレームワークを上手に活用するうえで重要です。

また、実際の作業として枠に書き込む内容を考える際には、まずインパクトの大きな要素、重要な要素から出していきます。

たとえばサントリーの清涼飲料事業の３Ｃで、競合の枠にシェアが〇・一％しかない中小企業の新商品について書いたところで、その新商品が業界の構造を変えるような強力なものでない限り意味はありません。考えなければならないのは、まずコカ・コーラや伊藤園といった影響力の強い企業の動向です。

市場や自社についても同じで、なるべく重要度の高いものから書いていきます。

**書き込む要素が多すぎてもいけません。ロジカルシンキングのクラスで実際に3C分析をしてもらうと、一つの枠に二〇項目以上も書いてくる人がいます。しかしそれだけ項目が多いと、せっかくのフレームワークがかえって複雑でわかりにくいものになってしまいます。実際、その中で本当に重要なものは数個程度です。本当に重要な要素を書き込むようにしましょう。**

## 3C以外のMECEのフレームワーク

MECEのフレームワークの代表的なものとして3Cを解説してきましたが、それ以外の例をいくつか紹介しておきましょう。

### 4P

マーケティング戦略を考える際に役立つフレームワークで、顧客に対するアプローチを次の四つの枠に分けたものです。それぞれの枠の名前の頭文字を取り、4Pと呼ばれます。

・製品（Product）
・価格（Price）
・流通（Place）
・広告・プロモーション（Promotion）

## 採用のフレームワーク

企業が人材採用時に使うと有効なフレームワークで、大きく三つに分かれています。スキルには、さらに三つの項目が入っています。採用試験や面接でこの三つをチェックすれば、採用するかどうかの判断に必要な情報は大体カバーできるでしょう。

・スキル（ヒューマンスキル、コンセプチュアルスキル、テクニカルスキル）
・マインド
・組織へのフィット感

## 心技体

「心技体」は昔から武道の世界で用いられる言葉ですが、スポーツチームのマネジャーが選手を評価する際の基準としても通用します。これもフレームワークとして使えます。

スポーツの世界では身体能力や技術のうまさが重要視されがちですが、最終的に勝てるかどうかはメンタルの強さがものをいいます。またチームスポーツでは、選手一人ひとりにチームをきちんと機能させるための心構えのようなものが求められます。

・心（メンタルの強さ）
・技（スキル・テクニックの習熟度）
・身体（フィジカルな身体能力）
と考えるとわかりやすいでしょう。

## MECEのフレームワークの作り方

次は、自分でMECEのフレームワークを作る際のポイントを解説します。

まず分ける枠の数は三〜四くらいが適当です。それ以上増えると、フレームワークとして使いづらくなります。五つ以上の枠に分けたい場合は、うまくグルーピングすることで四つ以下の枠にするといいでしょう。

当然、それぞれの要素がMECEとなっていることが必要ですが、現実的にはまったくモレもダブリもないようにするのは難しいでしょう。**自分でMECEのフレームワークを作る際には、できるだけダブリがないようにしながら八〇〜九〇%程度をカバーできれば十分と考えましょう。**

## 4 ＳＷＯＴで事業機会を導き出せる（マトリックス①）

### 自らが置かれた環境を知る――ＳＷＯＴ

マトリックスにはテーブル型とポジショニングマップ型の二種類があると説明しましたが、テーブル型で有名なフレームワークの一つがこの「ＳＷＯＴ」です。

ＳＷＯＴはビジネスの成功要因や事業機会を導き出すために用いられるマトリックスで、「内部要因／外部要因」「ポジティブ／ネガティブ」の二つの軸が切り口となり、次の四つの象限に分かれています（次ページの図表13）。

内部要因でポジティブな要素＝自社の強み（strengths）

## 図表13◆SWOT

| | ポジティブ | ネガティブ |
|---|---|---|
| 内部要因 | **S**<br>強み（strengths） | **W**<br>弱み（weaknesses） |
| 外部要因 | **O**<br>機会（opportunities） | **T**<br>脅威（threats） |

内部要因でネガティブな要素＝自社の弱み(weaknesses)

外部要因でポジティブな要素＝市場における機会(opportunities)

外部要因でネガティブな要素＝市場における脅威(threats)

これら四つの象限のそれぞれの頭文字が「SWOT」という名前の由来です。

SWOTの優れている点は、「内部要因／外部要因」「ポジティブ／ネガティブ」という二軸を組み合わせるだけで、企業やビジネスを取り巻く経営環境が誰にでもわかりやすく整理できるところです。

## 図表14◆クロスSWOT

| | 機会 | 脅威 |
|---|---|---|
| 強み | 強みを武器に機会を最大限活用する戦略 | 強みを使って脅威に対応する戦略 |
| 弱み | 弱みを改善して機会を最大限活かす戦略 | 弱みと脅威による状況の悪化を防ぐ戦略 |

SWOTでまとめられた強み、弱み、機会、脅威を眺めていると、

「わが社はこの強みを活かして、この機会をうまく獲得しよう」

「この弱みと脅威が重なると会社が傾きかねないので、今のうちに対策を考えたい」

といったことを考えることができます。


経営戦略を立てるために、SWOTをさらに進化させた「クロスSWOT」というフレームワークもあります。これはSWOT分析で出てきた「強み／弱み」「機会／脅威」を新たなる二軸として組み合わせたマトリックスで、図表14のようになります。これは少し上級編になりますが、興味のある人は一度自社や自部門につ

いて作ってみるとおもしろいと思います。

## セブン銀行の例

ＳＷＯＴの具体例として、開業直前のセブン銀行を分析してみました（図表15）。セブン銀行は、セブン＆アイ・ホールディングスグループの銀行で、業界の中でもユニークなポジションをとっていることで有名です。

注目したいのは、金融の専門家がほとんどおらず、かつ、運用のノウハウなどもまったくないことです。

通常の銀行のビジネスは、資金を定期預金などで調達して、企業や住宅ローンなどで個人に貸し出します。悩ましいのは、企業の業績が悪化したりすると、「貸し倒れ」が発生し、不良債権となってしまうことです。そのため、貸し出しにあたっては、与信のノウハウが非常に重要になりますし、不良債権を回収するノウハウも必要になります。

このノウハウこそが、銀行ビジネスの最も重要なスキルなのですが、セブン＆アイにはそのノウハウはありません。自ずと、銀行ビジネスをやるのであれば、既存の銀行のビジ

## 図表15◆SWOT　セブン銀行の例

| | ポジティブ | ネガティブ |
|---|---|---|
| 内部要因 | **強み**（strengths）<br>・24時間365日取引ができる<br>・全国に1万店以上のコンビニネットワークがある<br>・セキュリティが高い<br>・オペレーションの設計・運営能力は高い<br>・ブランドイメージは高い | **弱み**（weaknesses）<br>・金融ビジネスに携わった人材がほとんどいない<br>・貸し出しのノウハウなどはない |
| 外部要因 | **機会**（opportunities）<br>・顧客が便利なサービスを欲している<br>・一般の銀行は24時間営業に消極的 | **脅威**（threats）<br>・競合の流通企業が模倣してくる可能性がある |

ネスモデルを踏襲するのではなく、まったく新しいビジネスモデルを構築する必要があることがわかります。

一方で、既存の銀行は、二十四時間対応のＡＴＭ網を持っているところはありません。顧客のニーズがあるにもかかわらずです。ここにビジネスチャンスがありそうです。

こうした分析から、実際にセブン銀行が行ったのは、ＡＴＭ事業に特化して、手数料収入を収益の柱とするということです。全国のセブン-イレブンの中にあるＡＴＭを使ってもらい、そこで個人と提携銀行から手数料収入を得るという方針を打ち出したのです。

また、通常の銀行であれば、自社の預金残高を増やすために有利な金利を提示したりするものですが、セブン銀行は自社の預金残高を増やすことにはあまりこだわりません。他銀行の口座を持つ顧客に、セブン銀行のATMを使ってもらえれば、それだけで収益が生まれる仕組みにしたのです。

とはいえ、預金額はそれなりに増えます。しかしセブン銀行は無理な運用をするのではなく、最も安全かつノウハウを必要としない国債での運用にフォーカスしたのです。

**このように、非常に明確でわかりやすいSWOTですが、その理由はポジティブとネガティブをはっきりと分け、全体のバランスをしっかり見ているからです。どちらの枠に入れるかはSWOTを作る人の解釈次第。その辺りは個人のセンスの問われるところでしょう。**

## SWOT以外のテーブル型マトリックス

その他によく使われるテーブル型のマトリックスとしては、「アンゾフの事業拡大マトリックス」があります（図表16）。

## 図表16◆アンゾフの事業拡大マトリックス

| | 既存の商品 | 新規の商品 |
|---|---|---|
| 既存の市場 | 市場浸透 | 新商品開発 |
| 新規の市場 | 新市場開拓 | （狭義の）多角化 |

アンゾフの事業拡大マトリックスは、文字どおり、事業の拡大の方向性を考える際に使われるフレームワークです。「新規の商品／既存の商品」「新規の市場／既存の市場」の二軸で切ったマトリックスのフレームワークで、「市場浸透」「新商品開発」「新市場開拓」「多角化」の四象限に分かれます。

通常、左上の市場浸透が最も成功率が高く、逆に右下の（狭義の）多角化が最も成功率が低いとされています。

Q&A

## 重要なポイントを抜き出す

――3CやSWOTなどは、フレームワークの枠を埋めようとすると、枠に入りきらないくらいの情報量になってしまいそうです。

**嶋田** 何も考えなしに片っ端から情報を入れていくとそうなりますね。たとえば3CのCustomerだけを見ても、顧客セグメントごとに、ニーズの細かな差（ニーズの強さや変化の速度など）、購買特性（購買意思決定プロセスや購買意思決定要因など）、あるいは購買力や、どこに存在しているかなど、さまざまな要素があります。

これらを全部書き出していたら切りがありませんし、あまりに情報が入りすぎた枠は、かえってわかりづらくなって、そこから意味合いを引き出したりするのが難しくなったり、他人に伝えにくくなってしまいます。

**――現実的にはどうするのがいいのでしょうか。**

**嶋田** 基本的に、重要と思われるポイントをリストアップすることです。ロジカルシンキングの基本の一つは、重要なことを漏らさないということです。もちろん、現実には、一見些細なことに思えることが、のちに大きなインパクトをもたらすこともありますが、まずは現時点で些細と思われることは切り捨て、重要なポイントをしっかりリストアップすることです。そのうえで、そこからどんなことが言えそうか考えましょう。

# 5

# 軸選びがすべて！　ポジショニングマップとパーセプションマップ（マトリックス②）

## 位置を確認する――ポジショニングマップとパーセプションマップ

ポジショニングマップ型は、二本の軸を書き、対応する「位置」に正確に各要素をプロットしていきます。テーブル型が、「ある要素がどの象限に入るか」を重視するのに対し、**ポジショニングマップ型は位置をプロットしていくことで、「ある軸の要素がどの程度強いか（弱いか）」ということを、相対感を意識しながら見ていきます（図表17）。**

実はポジショニングマップ型には、ＳＷＯＴのように名前のついた有名なフレームワークはほとんどありません。というのも、ポジショニングマップは二軸の自由度が非常に高

**図表17◆ポジショニングマップ型の例　政党の位置づけ**

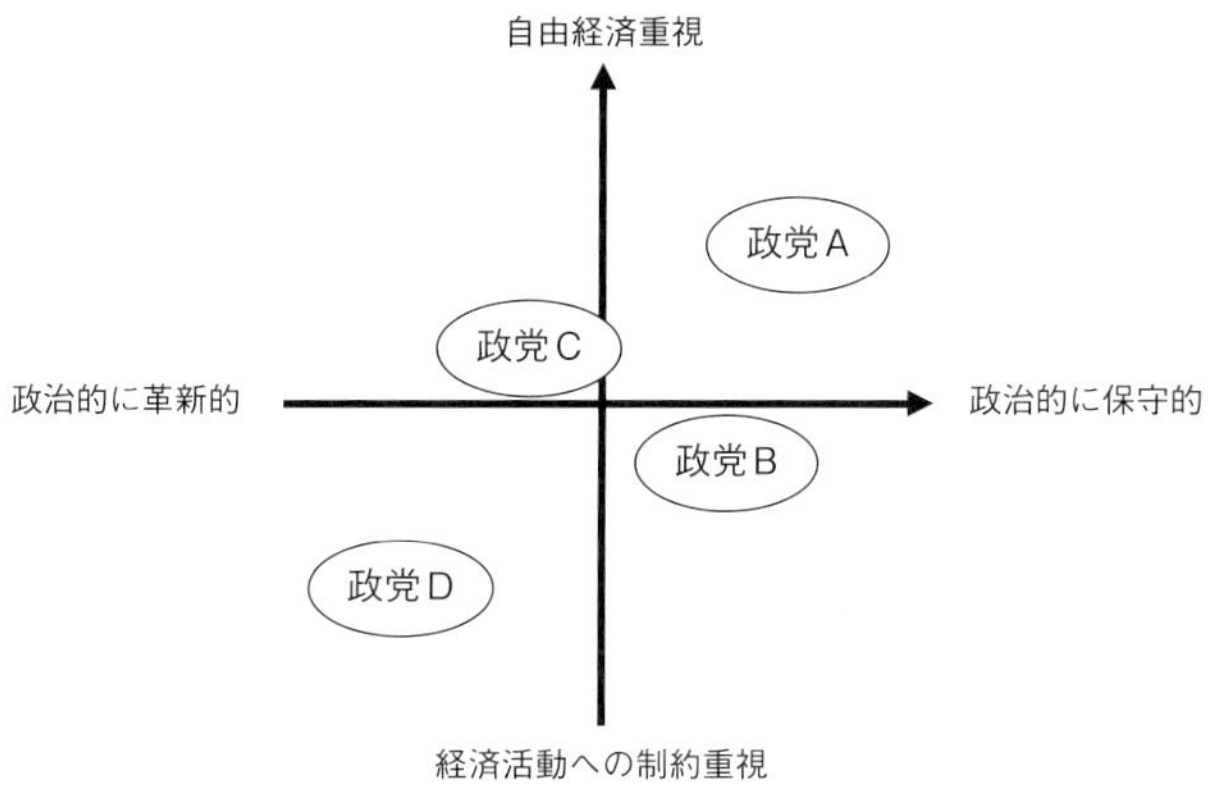


く、状況や目的に応じて最適な軸を選んで独自にフレームワークを作るケースが多いからです。その手軽さが、ポジショニングマップの魅力といえます。

ここではポジショニングマップ型のフレームワークとして、マーケティングで使われる、文字どおり「ポジショニングマップ」と「パーセプションマップ」を紹介します。

ポジショニングマップは、会社の商品・サービスを、ターゲット顧客にどのように認知してもらいたいかを二次元の軸で図示したものです。つまり「この商品は、競合に比べこういうイメージを持ってもらう」という企業サイドの意図です。

それに対してパーセプションマップは、実際にその商品やサービスに対して顧客がどのように認知しているのかを調査し、図示したものです。つまり「実際にその商品に対して持たれているイメージ」であり、顧客サイドの認知の実態です。

ポジショニングマップでの位置とパーセプションマップでの位置が一致していれば、企業の狙いどおりに商品が消費者に認知されていることになります。しかし、実際にはその間にズレがあるケースが少なくありません。

例として、図表18に既存の国産ビールと架空の新商品「Aビール」のパーセプションマップを書いてみました。マップの軸は「ライト／ヘビー」「コク／キレ」の二軸を使っています。

「Aビール」は新しいポジションを狙ったものの、それが顧客（消費者）には伝わらず、既存商品、しかも最もシェアの高い「スーパードライ」とかぶって認知されてしまったこ

## 図表18◆パーセプションマップの例　ビール

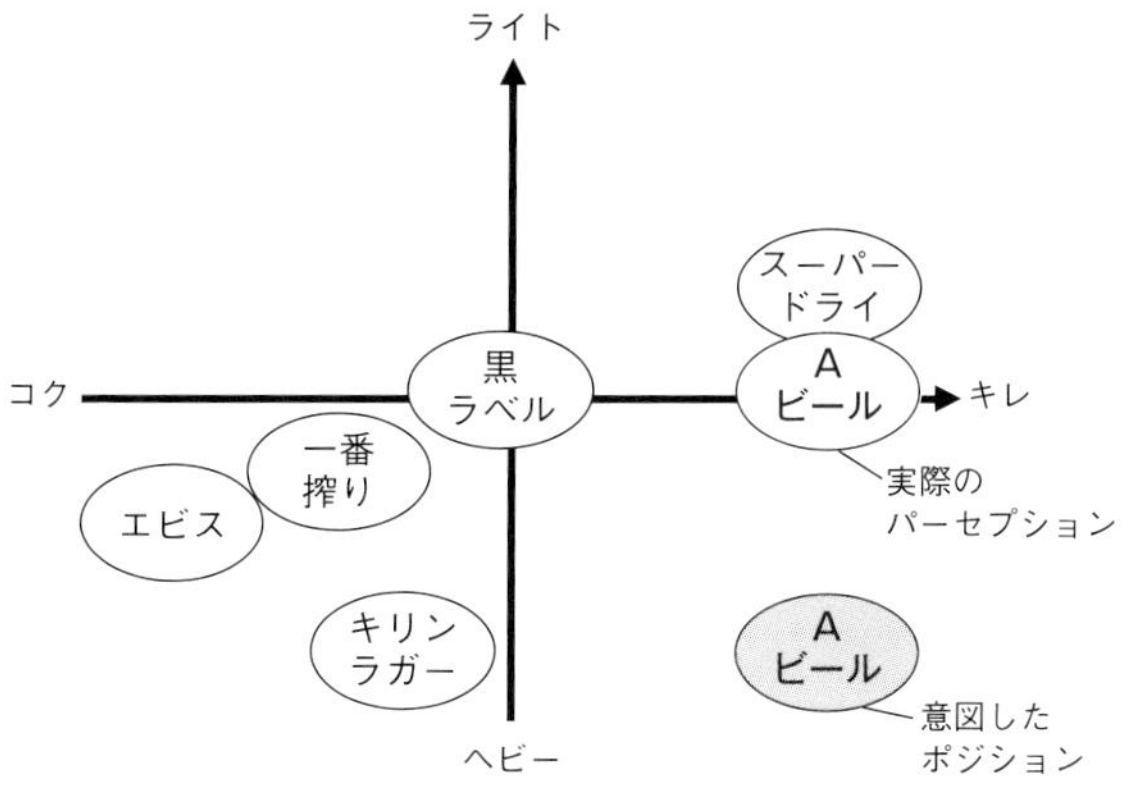


とがわかります。早急の対応が必要でしょう。

このように、自社の狙いと顧客の認知との間にどのようなギャップがあるかがわかったら、次は、それをどうやって修正すればいいのかを考える作業に入ります。広告表現を変えるなりパッケージデザインを変えるなり、有効な施策案をリストアップし、最も効果的なものを実施していきます。

### 軸の選び方が命

どんな軸を選んでもポジショニングマップとパーセプションマップを作ることはできますが、有効なマーケティング戦略につながらなくては意味がありません。そのためには、きちんと差別化（他と違っていること）を打ち出せる軸を選び、意味のあるマップを作る必要があります。

ポジショニングマップとパーセプションマップで大切なのは顧客です。軸の取り方も、顧客から見て意味のあることがポイントとなります。

たとえば携帯電話であれば、「軽い」「操作しやすい」「かっこいい」などは、顧客にとって意味のある要素、価値なので軸の候補となります。それに対して「開発者の思いがこもった」「コストが安く利益率が高い」「市場導入までの時間が短かった」などは、通常は顧客にとっては関係ないので、ポジショニングマップやパーセプションマップの軸としては向いていません。

また、軸の表現も単に「味」などではなく、「おいしい」「健康的」のように、顧客にとって意味のある言葉を使います。たとえば「香り」「値段」ではなく、「豊かな香り／ほのかな香り」「高い／安い」といった書き方をします。

「文化的な価値がある」のように評価がしにくいものも、軸として使いづらいといえます。「うちの雑誌は文化的価値が高い」といわれても、人によって価値観は違いますし、今一つ説得力に欠けてしまいます。

軸を選ぶときは、わかりやすく伝わりやすく、なおかつ共感しやすいことが大事。それでいて、顧客にとってのベネフィット（便益）をうまく軸に盛り込むことを意識しましょう。

# 6 強みと弱みをつかむバリューチェーン（フロー図）

## ビジネスの段階を流れで理解する

フロー図の代表的なフレームワークとして紹介するのが「バリューチェーン」です。実際のビジネスというものはいくつもの段階を経て流れていますが、バリューチェーンはその段階を機能ごとに分類し、一つの流れとして整理、図解したフレームワークです。

例として、コマツの建機事業のバリューチェーンを作成してみました（図表19）。建機事業全体を四つの機能（工程）に分け、それぞれの段階での特徴を書き出しています。

このフレームワークがバリューチェーンと呼ばれるのは、どの工程で付加価値（バリュ

## 図表19◆バリューチェーンの例　コマツ

| 開発 | 製造 | 販売 | アフターサービス |
|---|---|---|---|
| ・耐久性、ユーザーの使い勝手を重視<br>・ITの活用は世界一のレベル | ・設備投資は日本一<br>・需要は公共事業が左右 | ・用途に応じた幅広いラインナップを持つ | ・メンテナンス体制が整っている<br>・リースなど金融とのセットも手がける |

ー）を生み出しているのかを分析するためのツールだからです。バリューの創出チェーンと言い換えてもいいでしょう。

たとえば建機事業だと、製品そのものもさることながらメンテナンスなどのアフターサービスに付加価値をつけることが他社との差別化につながります。また医薬品だと、開発と営業にほとんどの価値があり、その二つの機能で他社を抑えた企業が優位に立てます。

なお、通常、ビジネスではバリューを生むにはコストが必要なので、バリューチェーンは「現在どの段階にコストをかけており、それに見合うバリューが生み出されているのか」を分析することにもなります。

## バリューチェーンを作る際のポイント

バリューチェーンは、基本的に顧客に遠いほうから近いほうに向けて、左から右に並べます。

コマツの例ではビジネスを四つの工程に分けてつなげましたが、業種や会社によってどう分けるのがいいかは大きく変わります。

同じ製造業でも、石油事業であれば原材料の調達がすごく重要なので、最初に「原材料調達」という工程を加えてもいいでしょう。また商品開発を重視している会社であれば、「マーケティング」「商品企画」といった項目をあえて切り出して加えることもあります。

業種が異なれば、図表20のようにバリューチェーンの形はまったく変わります。それぞれの業種、企業の実態にあったバリューチェーンを見極めることが、分析の第一歩です。

また、枠を増やしすぎないことも重要です。マニュアルやガントチャートのようなフローであれば要素を細かく分けて並べることもありますが、バリューチェーンでそれをする

図表20◆さまざまなバリューチェーン

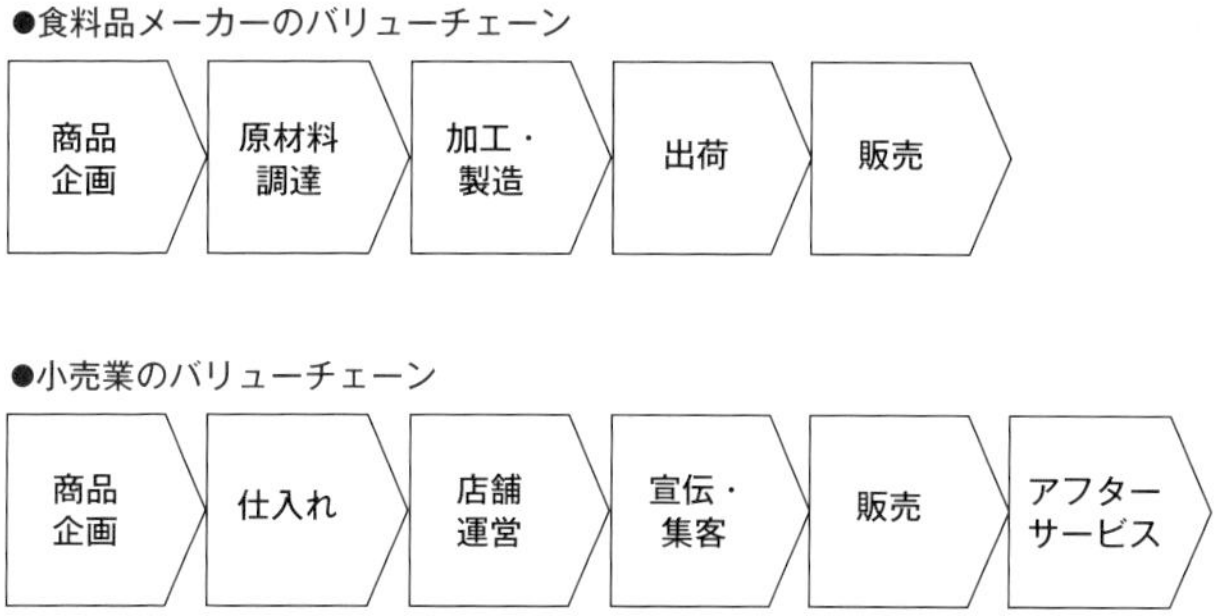


と全体像がかえって把握しづらくなるからです。

## ボトルネックを発見する

バリューチェーンは、そのビジネスの強みと弱みをはっきりさせるために用いられます。

経営戦略を考えるなら、まず前段階として3Cなどでそのビジネスの成功要因を分析し、その成功要因が満たせるようなビジネス構造になっているかをバリューチェーンでチェックします。具体的にはビジネスのプロセスを総ざらいして、どこに強みと弱みがあるか分析します。

特に大事なのは弱みです。バリューチェーンの中でどこか一カ所でも弱いところがあれば、そこがボトルネックとなって成長や効果的な競争が阻害されてしまいます。

たとえば飲料ビジネスは、強い流通チャネルを持っていることが成功に欠かせない要因となっています。かつてペプシがあれだけ広告を打ったのにコカ・コーラに勝てなかったのは、商品がまずいわけではなくて、結局自動販売機というチャネルの強さで大きく水をあけられていたからです。いくら他が強くても、「飲みたいときが買いたいとき」という清涼飲料のビジネスにおいて、チャネルが貧弱では勝てません（その後、ペプシは日本での営業権をサントリーに譲渡しました）。

ビジネスで成功するには、全体として強靭なバリューチェーンになっているかを見極め、もしボトルネックがあるならそれを解決する対策を打つことが必要です。

## バリューチェーンの再構築

技術や社会構造のイノベーション、大胆な経営改革などにより、それまでのシステムやルールが見直され、当たり前と思われていたビジネスの流れが根本的に変わることがあります。それをバリューチェーンの再構築と呼びます。なお、ここでいうバリューチェーンは、一つの企業を超えているものなので、正確にはサプライチェーンと呼びますが、広義にはサプライチェーンも含めてバリューチェーンといいます。

大手量販店が従来、メーカーとの間にあった問屋を省いて直接取引することでコストをカットし、低価格での販売を実現するなどは、典型的な例です。特に近年ではＩＴ技術の進化・低コスト化や大幅なデフレなどによって、金融、証券、航空、中古車販売、出版といった多くの業界でそうした動きが進んでいます。

バリューチェーンの再構築による成功例として有名なのは、アパレルや家具業界におけるＳＰＡという業態です。

たとえば、ユニクロを擁するファーストリテイリングは、もともとは普通のアパレル小売りでしたが、ある時期から、ナショナルブランド（メーカー製の商品）を扱うのを止め、商品はすべて自社開発としました。当然、卸は利用せず、また、製造についてはコストの安い中国にいち早く注目し、そこで大量に生産することでコストダウンを実現しました（次ページの図表21）。

もちろん、その代わりに、それまでメーカーと卸と小売りで分散させていたリスクをす

**図表21◆バリューチェーンの再構築**

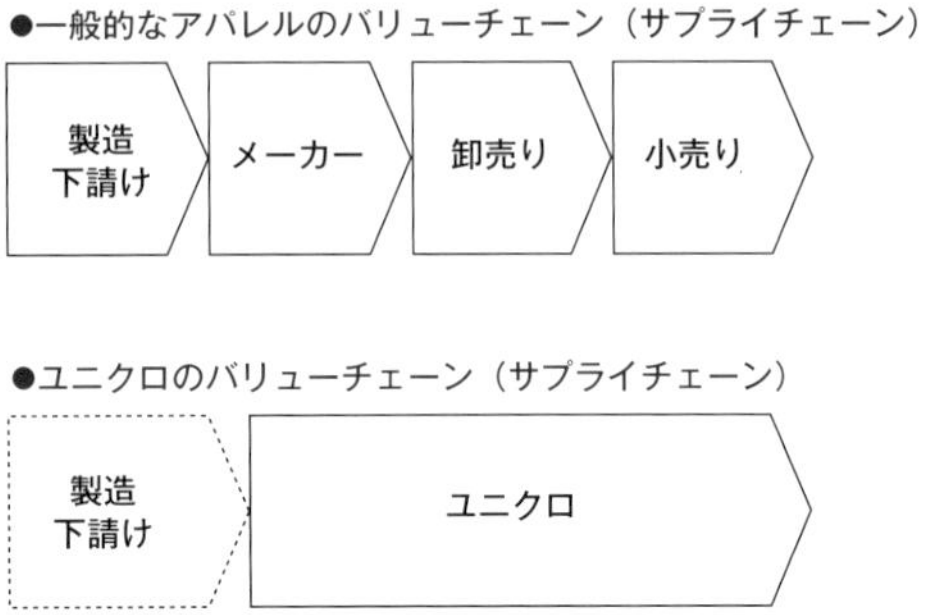


べて自分で背負うことになりましたが、徹底的に売れ筋の商品に絞り込み、マーケティングを強化して「売り切る力」を高めることで、事業を一気に拡大させたのです。

## ガントチャート

バリューチェーンのほかに、よく使われるフロー図のフレームワークに「ガントチャート」（「ガンチャート」ともいう）があります。

ガントチャートとは、プロジェクト管理や工程管理に用いられる表で、横軸に時間、縦軸に人員や作業内容を置き、作業計画やスケジュールをグラフ状に表したものです（図表22）。

## 図表22◆ガントチャートの例

在宅勤務を実現して、通勤地獄から解放されることを考える

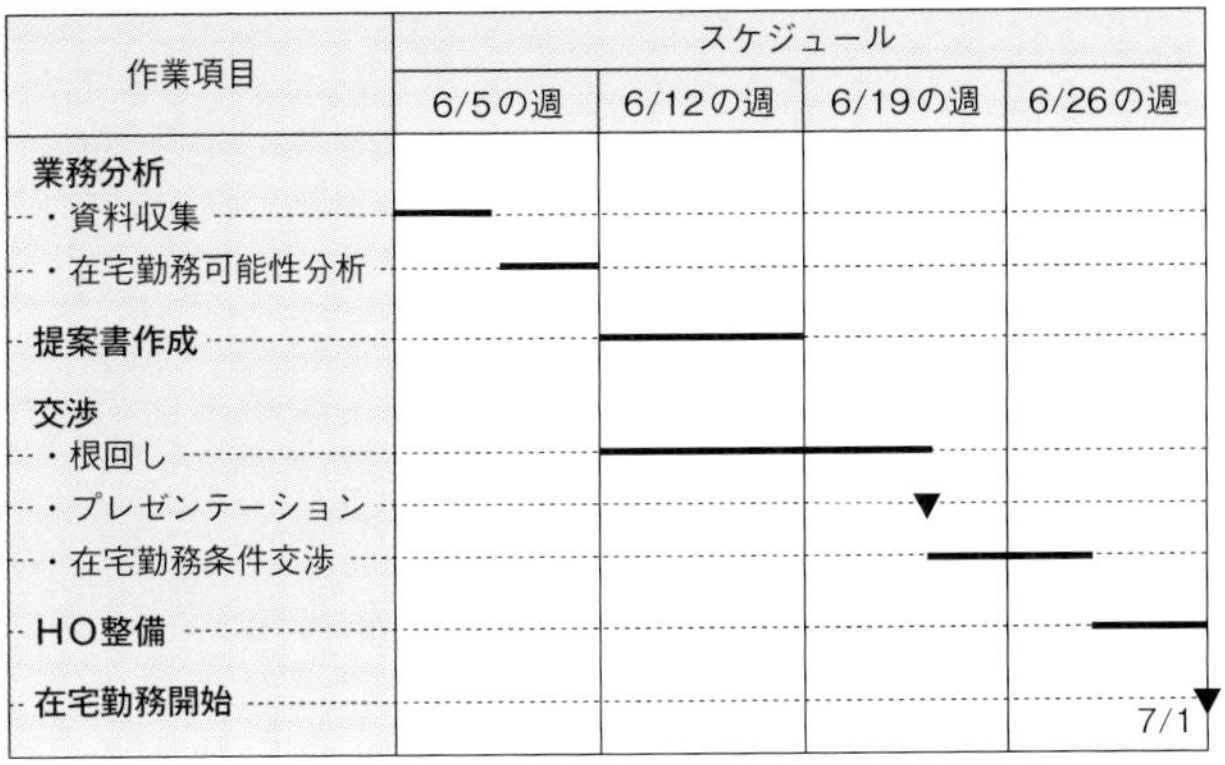


複数の人員の仕事や作業工程がある場合でも、それぞれの開始時期と終了時期が一目でわかること、また作業実績を記入していけば現在の進行状況もすぐにわかることがガントチャートを用いるメリットです。プロジェクト全体を把握しやすいので、管理者にとっては非常に有効なツールといえます。

# 7 業界構造を見極める五つの力（関係図）

## 五つの力で業界の魅力度を理解する

関係図の代表的なフレームワークとしては、八七ページでもすでに簡単に触れた、「五つの力（5F）」があります。五つの力とは次のとおりです。

○新規参入の脅威

新規参入があると競合企業が増えるうえに、業界のルールそのものが変化してしまうことも。参入障壁の低い業界では、特に強い影響力を持つ要因となります。

**図表23◆「5つの力」分析の例　学習塾業界**

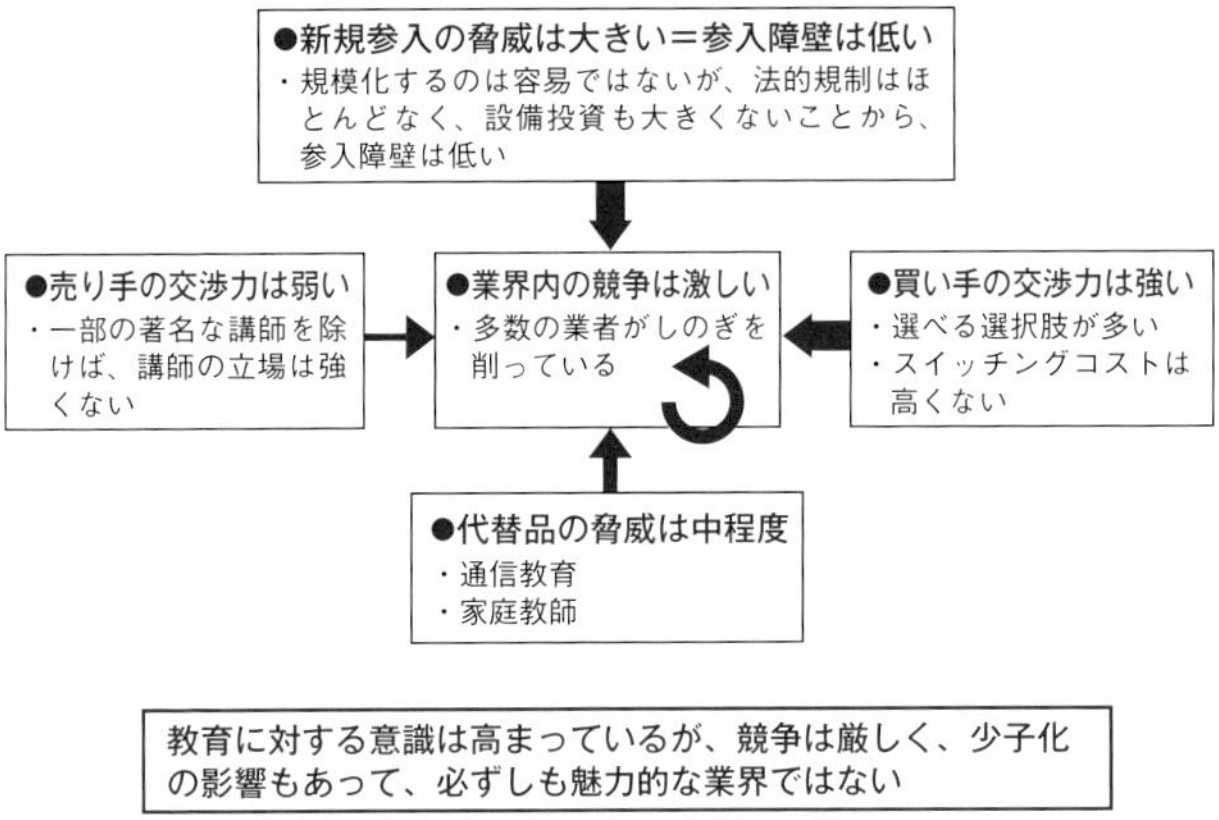
●新規参入の脅威は大きい＝参入障壁は低い
・規模化するのは容易ではないが、法的規制はほとんどなく、設備投資も大きくないことから、参入障壁は低い
●売り手の交渉力は弱い
・一部の著名な講師を除けば、講師の立場は強くない
●業界内の競争は激しい
・多数の業者がしのぎを削っている
●買い手の交渉力は強い
・選べる選択肢が多い
・スイッチングコストは高くない
●代替品の脅威は中程度
・通信教育
・家庭教師
教育に対する意識は高まっているが、競争は厳しく、少子化の影響もあって、必ずしも魅力的な業界ではない

○代替品の脅威

顧客のニーズが同じで、形態の違う製品を代替品といいます。メガネとコンタクトレンズがその典型です。自社よりもコストパフォーマンスの高い代替品の登場や、これまでになかった魅力的な代替品が出てくると従来の製品の売れ行きが落ちます。たとえば「iPhone」の登場は、従来の携帯電話メーカーにとって大きな脅威となりました。

○業界内の競合他社

業者数が多い、寡占化が進んでおらず同程度の業者がひしめいている、先行投資が必要で撤退が難しいといった業界では、競争が激化しやすくなります。値下げ競争を繰り返す牛丼チェーン業界がよい例です。

○買い手の交渉力

顧客の交渉力が強いと値引きしなくてはならず、収益が落ちます。大量に仕入れる大手量販店が、メーカーや問屋に対して強気で値引き交渉ができるのが典型例です。

○売り手の交渉力

売り手の交渉力が強いと仕入れ値が上がってしまい、収益が落ちます。マイクロソフトやインテルのように、圧倒的なシェアを持ち（つまり買い手から見たら他の選択肢に乏しく）、かつ買い手にとって重要で不可欠なパーツを提供している企業は、特に強い交渉力を持ちます。

これら五つの要因を挙げ、分析していくことで、業界の構造をしっかりと把握し、収益性などを判断していくことができます。

フレームワークとしては、図表9（八七ページ）のように十字形に五つの要因を並べ矢印で結んで図解します。このように並べると、縦に並んだ三つの要素が広義の「競合」、横に並んだ三つの要素が川上から川下へ続くサプライチェーンの力関係として整理できます。

具体例として、学習塾の業界を5Fで分析してみました（一三九ページの図表23）。より業界の状況をイメージしやすいように、影響力の強い要因を太い矢印、弱い要因を細い矢印、業界内の競争をサークル状になった矢印として表しました。このように矢印や枠の太さなどを変えて強弱を表すことで、視覚に訴え、理解を促進することができます。

この分析により、「学習塾業界を取り巻く厳しい競争環境は一目瞭然で、よほどの勝算がないかぎり大規模な新規参入は難しい」といった結論を出すことができます。

## オリジナルの関係図を作る

関係図には、五つの力のような有名なフレームワークもありますが、他の型に比べて自由度が高いので、自分でオリジナルのフレームワークを作って効果的に用いると、「できるな」という眼で見られることにつながります。

オリジナルのフレームワークを作るには、まず書きたい内容に含まれる要素を書き出します。要素とは、五つの力でいうところの「業界内の競合」「新規参入の脅威」といったものです。これらがいわば関係図のフレームワークを作るパーツとなります。

要素の数は三〜六個くらいで十分です。

要素が出てこない場合は、書きたいテーマから入るのも一つの手です。たとえば利益の増やし方のフレームワークを書きたいのなら、最初に「利益」という要素を真ん中に置いてみるといいでしょう。

**三〜六個の要素が出たら、それを矢印で結んでいきます。コツは深く考えすぎないこと。仮でもいいのでまずは書いてみて、そこから要素が足りないと思えば新しく加え、必要のない要素があれば削り、矢印のつなげ方を直し、少しずつ精緻化していくイメージです。**

要素の位置やレイアウトにもこだわりましょう。五つの力では、縦に三種の競合を、横に取引の川上から川下までを並べることで、より全体の構造がイメージしやすくなっています。要素と要素をうまく矢印でつなげたら、いろいろ位置を動かしたり並べ替えたりして、より内容が把握しやすいレイアウトを見つけ出します

要素を囲むボックスの形や枠の太さ、矢印のデザインも同じようにいろいろ試してみましょう。書き方をちょっと変えるだけで、わかりやすさは大きく変わります。

ここまで理解したら、あとはセンスと経験です。何度も書いていくうちに関係図の書き方はどんどん上達していきます。

まずは5Fのような既存の関係図を改良したり、よくできた関係図を見つけたら、それを改良して用いるといったところから始めたりするのが有効です。

# 8 とにかく使いながら勘所を身につける

## 作ることが目的ではない

フレームワークは正しく使えば、問題解決などに大きな威力を発揮します。ただし勘違いしていただきたくないのは、フレームワークはあくまでロジカルシンキングを加速する「ツール」であって、魔法のように正しい主張を導き出したり、唯一絶対の問題解決策を機械的にもたらしてくれたりするものではないということです。フレームワークで情報を整理したり、分析したうえで、自分の知識や経験を総動員して、そこから何が言えるかをしっかり考え抜くことがより重要なのです。

先にも触れましたが、ありがちな落とし穴は、フレームワークで情報を整理しただけで、なんとなく分析した気分になってしまうことです。たしかに、はた目にも、フレームワークの枠がきれいに埋まっているのを見ると、何かすごい分析をされたような錯覚をしてしまいがちです。しかし、それだけでは、ビジネスはまったく前に進まないのです。

## 上達のコツは、まず使ってみること

フレームワークを作成し使いこなすためには、まずは、本章で紹介したような定番のフレームワークを使いながら、実際のビジネスの中で勘所を磨くのがいいでしょう。可能であれば、指導してくれる先輩などに助言を仰ぐと有効です。

その際、それらのフレームワークの意義をしっかり理解したうえで、適切なシーンで適切なフレームワークを使うことを意識し、実践感覚を養うことをお勧めします。

一点だけ注意していただきたいのは、「フレームワークオタク」になる必要はないということです。こうしたツールは、とにかくたくさんのものを知りたくなるものですが、フレームワークの勉強や知っているフレームワークの数を増やすことが目的化してしまっては本末転倒です。自分のビジネスの現場で役に立つフレームワークは何かを意識し、それを使いこなして勘所をつかむことが重要です。

慣れてきたら、自分で軸などを設定して、オリジナルのフレームワークを作って使うことにもチャレンジしてください。

オリジナルのフレームワークを考える際には、「このフレームワークを使うとどのような実態が見えてくるだろうか」ということをイマジネーション豊かに考えてみるといいでしょう。

第4章

# 説得力のある主張を作る

1

# 正しく説得力のある主張を

これまでの第1章から第3章までは、ロジカルシンキングの土台となる基礎の部分を解説してきました。それに対して第4章、第5章は実践編として、ビジネスの現場でのロジカルシンキングの使い方を具体的に説明していきます。

実践編の第一段である本章は、「ピラミッドストラクチャー（ピラミッド形の論理構造）」というツールを用いた「自分の主張を伝える方法」です。正確かつ説得力のあるコミュニケーションが強く求められる昨今、ぜひ身につけたいスキルといえます。

## 自分の考えを正しく伝える

もしあなたに、自分の部下から次のようなメールが送られてきたらどう思いますか。

先日発売した当社の新商品、ならびに現在のアイスクリーム業界についての状況を報告いたします。

・近年、アイスクリームの市場は飽和状態にある
・当社の新商品の売上げは予想したほど伸びていない
・Ａ社は独身女性を狙い、カロリー控えめの「スリムアイス」を市場に投入した
・当社は30％増量して低価格感を前面に打ち出した新商品を発売している
・Ｂ社の高級ラインの「プレミアムアイス」は、都市部で圧倒的な人気を獲得している
・ユーザーアンケートによれば、当社の商品は全項目で平均値よりやや高い評価を得ている
・消費者は、アイスクリームよりもヨーグルトなどのほうを好んでいるように思われる
・Ｃ社は年配層獲得のため、カルシウムを増強した「Ｃａクール」ラインを追加した

以上の理由から、早急に何らかの対策を打たないと当社のシェアはますます低下することになります。それを回避するには、これまでにない斬新な新商品の開発が求められるのではないでしょうか。

このメールを読んで、違和感を抱く人も多いのではないでしょうか。このメールには、たしかにいろいろな情報が含まれていますが、一番肝心の「メールの送信者は何を伝えたかったのか」がまったく見えてきません。新商品の売れ行きや他社の動き、ユーザーアンケートの結果などがただ箇条書きされているだけで、筋道立った内容になっていないのです。

一応、「斬新な新商品の開発が求められる」という結論のようなことが最後にありますが、それまでに並べられた情報からなぜ新商品の開発の必要性にいたったのか、そのつながりがわかりません。ただテコ入れしなければならないというのなら、価格の見直しや積極的な広告戦略によるブランドの再構築など、他にも戦略がいくつもあるはずです。それなのに、突然「斬新な新商品の開発が求められる」といわれて、納得する上司はいないでしょう。

また、「消費者は、アイスクリームよりもヨーグルトなどのほうを好んでいるように思われる」という情報が、しっかりとした裏付けのあるデータであればいいのですが、このメールを読むかぎり送信者の推測でしかないようにも思えます。

つまりこのメールは、「整理されていない情報をただ箇条書きにして送っただけ」という以上の意味を持っていないのです。

しかし、実際のビジネスの現場では、こうした「何を言いたいのかわからないメール」が送られてくることが少なくありません。報告書や企画書、会議での発言、プレゼンテーションなど、人に自分の意見や主張を伝える場面全般で同じようなことが頻繁に起こっているのです。

## 相手に納得してもらえるかどうかが重要

ビジネスパーソンは、会議や上司への報告、プレゼンなど、仕事を進めるうえで自分の考えをきちんと相手に伝えることが求められます。社内での立場が上がるにつれ、部下に自分の考え方や指示、依頼などを間違いなく伝えることの必要性が高まります。そうしたコミュニケーションができないと、組織がバラバラな方向に動いてしまうからです。

先ほどのメールのように何を言っているのかわからない文章を書いたり発言をしたりし

図表24◆第4章の流れ

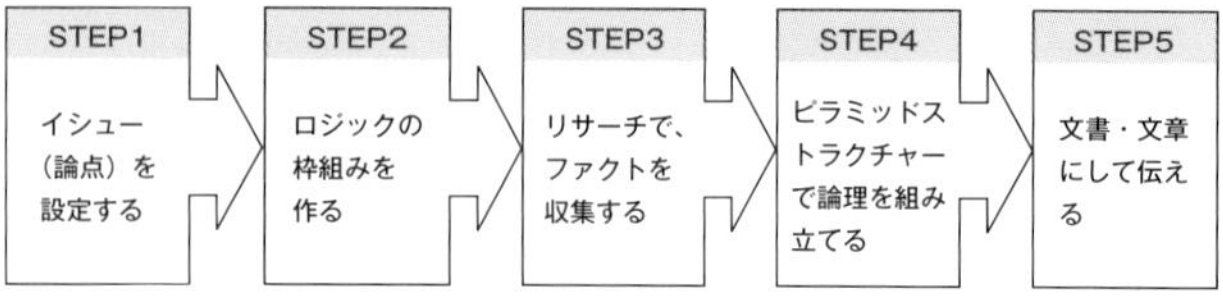
STEP1
イシュー（論点）を設定する
STEP2
ロジックの枠組みを作る
STEP3
リサーチで、ファクトを収集する
STEP4
ピラミッドストラクチャーで論理を組み立てる
STEP5
文書・文章にして伝える

ていると、仕事は円滑に進まなくなってしまいます。自分の文章や発言には、伝えたい内容をしっかりと相手に理解させる「わかりやすさ」がまずは必要となります。

同時に、相手にその内容を納得し受け入れてもらうことも大切です。たとえば、社内プレゼンテーションで経営者に新商品のコンセプトを説明する場合、仮に自分の意図が正しく伝わったとしても「君のやりたいことはわかる。しかし、それじゃあ売れないんじゃないかな」と言われてしまえばそれまでです。つまり、理解してもらうだけではなく、納得感を持ってもらい、共感してもらうことがさらに必要なのです。

ロジカルシンキングにはいろいろなメリットがありますが、説得力のある主張ができることもその一つなのです。

本章ではそうした主張を作る方法を、図表24のような流れで解説していきます。

## 2 イシューを設定する——論点は何か?

### イシューが明確でないと何が起こるか

**ロジカルシンキングで自分の主張をまとめる際に、最初にやらなければならないのは「イシュー」を明確にすることです。**

イシューとは、第1章でも述べたとおり、「考えるべきこと」「議論すべきこと」「議題」の意味で、「論点」と言い換えてもいいでしょう。何らかの主張をしようとするとき、このイシューがはっきりしていないと、主張そのものがぶれてしまい、まとまりがなくなってしまいます。

たとえば、「卒業三年目までの新卒の採用を、四月採用だけではなく、通年採用とすべき」という論点を会議で話し合うとします。

こういう会議では、次のような発言が出てくることが往々にしてあります。

「新卒の採用が、なぜ大切なのか」
「採用はどのようなときに失敗してしまうのか」
「ＩＴ技術の進化は、採用にどのような影響をもたらすか」

たしかにこれらはイシュー（論点）に関連する発言ではありますが、論点にダイレクトに答えているかという点ではズレています。会議の主宰者はイシューを踏まえて結論に持っていきたいのに、こうしたあさっての方向を向いた発言が出てくると、議論そのものが間違った方向に進んでしまい、いつまでたっても結論にたどり着くことはありません。ダラダラと時間ばかり長くかけて結論が出ない会議というのは、えてしてこういうケースが多いものです。

こうした見当違いの発言が出てくるのは、会議の参加者がイシューをきっちりと理解していないからです。「今、何を考えないといけないのか」をきちんとわかっておらず、ただ単に「新卒の採用時期」といった意識しか持っていないようでは、イシューに沿った議論ができるわけがありません。

イシューがはっきりしていれば、何を考えればいいのか、何を論じればいいのかが見えてきます。右記の例でいえば、

通年採用のメリットは何か？
費用対効果は十分か？　リスクはないか？
他に有効な代替手段はないか？

といったことが話すべき内容として出てくるでしょう。

お酒の席での世間話であれば楽しく話すこと自体が目的なので、イシューなど堅苦しいことを考えなくてもなんの問題もありません。しかしビジネスにおいては、発言一つとつ

ても必ずそこにはなんらかの目的があります。その目的に近づくためには、イシューを意識すること、さらには、第1章でも触れたように経営上重要なイシューにフォーカスすることが必要なのです。

## Q&A

**――イシューにも良い悪いがあると思いますが、どのようなものがよいイシューで、どのようなものがダメなイシューなのでしょうか。**

**嶋田** いろいろな見方はありますが、**端的に言えば、ビジネスにおけるよいイシューは、最終的に企業価値の向上に結びつくようなものです。**逆に、それに結びつかないようなイシューであったら、たとえその後に展開される主張や論理展開が素晴らしくても、会社としてはなんの役にも立ちません。

ダメなイシューにありがちなのが、一つは方向性が間違っているもの。新規事業参入の是非を検討しないといけないときに、「全社的な企業風土の善し悪し」をイシューとして設定しても、価値のある議論にはなりにくいでしょう。

また、会社の業績に与える影響があまりにも小さい議題も、イシューとしてはよくありません。

たとえば「トイレットペーパーをシングルにするかダブルにするか」というイシューは、たしかに社員にとって多少意味のあることではありますが、それよりももっと先に議論すべきことは山のようにあるはずです。バカバカしい例だと思うかもしれませんが、意外とこういう瑣末なイシューを優先してしまう議論は少なくありません。

見方を変えると、会議などでうまくイシューを設定できることは、よいリーダーやマネジャーの条件ともいえます。会社の置かれた状況を踏まえたうえで、「今、何を議論すべきか」をその都度的確に提示することが、リーダー候補のみなさんには必須の能力なのです。

3

# 枠組みを作れば必要な情報がわかる

## 枠組みで考えることで論理展開が明確になる

イシューが設定できたら、次はロジックの枠組みを作ります。ここで活躍するのが、第2章で学んだ「型」や、第3章で紹介したフレームワークです。

初めに枠を作ることなく、いきなり主張する内容やその根拠を考えると、冒頭に挙げたメールのようにとりとめもない内容になってしまい、受け手に「理解しにくい」「納得いかない」と感じさせてしまいます。

また、主張を支えるためのファクトを集めようと思っても、どんな情報が必要なのか見当がつかないため、片っ端から情報収集するという、非常に効率の悪いやり方になってし

### 図表25◆ピラミッドストラクチャー

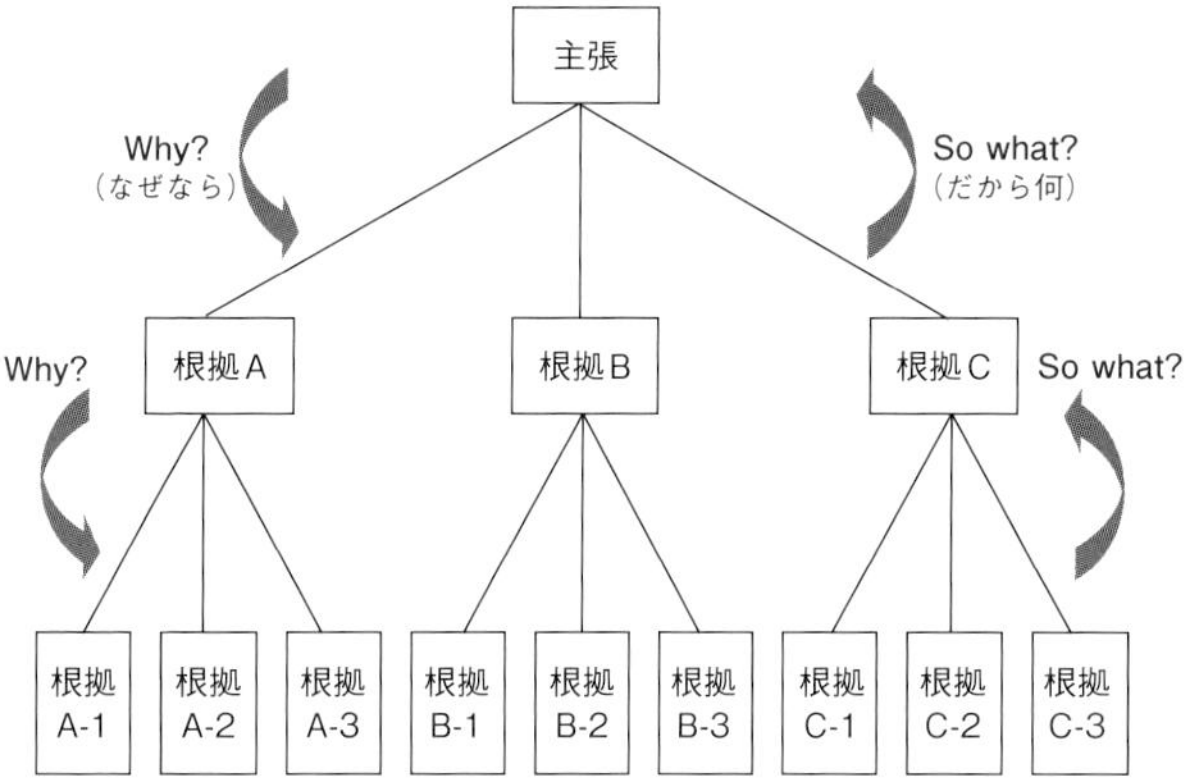


まいます。

本章では主張の論理を構造化するために、バーバラ・ミント氏が提唱したピラミッドストラクチャーというツールを用います。

ピラミッドストラクチャーは、図表25のように一番上にメインメッセージである主張（当初は仮説。根拠が揃うにつれて、確固たる主張となる）があり、その下に主張を支える二〜四つの根拠、さらにその下には根拠を支える根拠がある……、まさにピラミッドのような構造になっています。

完成形のピラミッドストラクチャーは、ピラミッドのどの階層をとっても、上段から下段に向かって「Why（なぜ）」に答えるという関係でつながっています。つまり、「（主張）です。なぜなら（根拠A）、（根拠B）、（根拠C）だからです」「（根拠A）です。なぜなら、（根拠A－1）（根拠A－2）（根拠A－3）だからです」という関係にあります。

同様に下段から上段にむかっては、「So what（だから何）」に答えるという関係でつながっています。

「（根拠A）、（根拠B）、（根拠C）です。だから（主張）が言えます」

「（根拠A－1）（根拠A－2）（根拠A－3）です。だから（根拠A）が言えます」

という関係です。

図表25で示したのは完成形ですが、途中経過としては、図表26のようなイメージで仮説は確固とした主張に進化します。**最初は脆弱な根拠（限られたファクト）に基づいた仮説が、新しいファクトや説得力のあるコメント、新しい分析などの根拠を集め、ピラミッドストラクチャーで構造化することで、非常にわかりやすく説得力のある論理構造ができあがる**

## 図表26◆仮説が主張になる

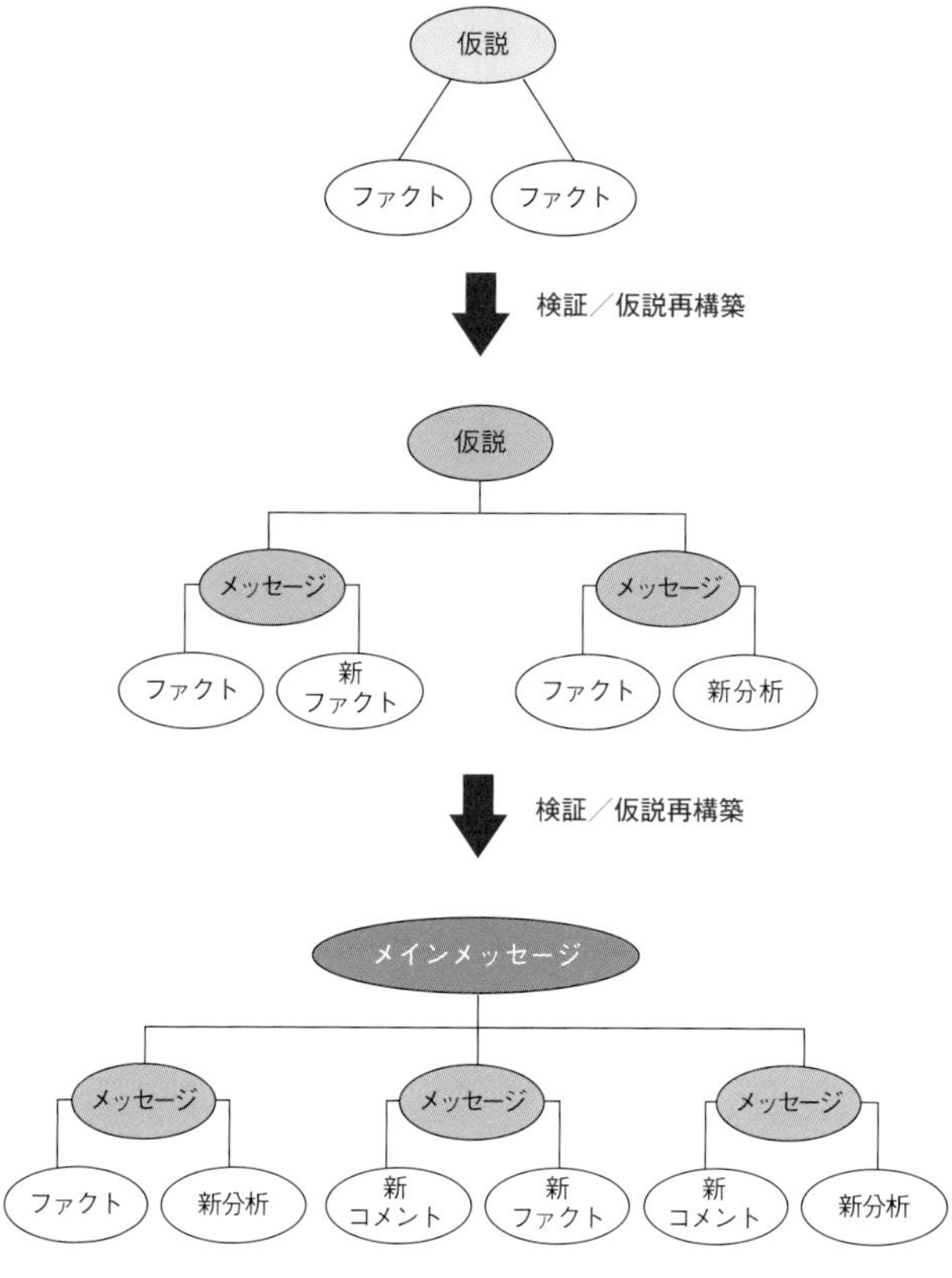

**のです。**

なお、図表26中の「メッセージ」という言葉ですが、ロジカルシンキングでは、最終的な主張をメインメッセージといい、最下層のファクトやコメント以外の中間の「根拠（上からのWhyに答える場合）／仮説（下からのSo whatに答える場合）」を「メッセージ」と表現します。

## ピラミッドストラクチャーでフレームワークを活用する

**一つのメッセージ、特にメインメッセージをサポートするサブのメッセージ（これをキーラインメッセージということがあります）は、偏ることなくバランスがとれていることが大切です。**そのため、第3章で解説したフレームワークを活用することが有効です。新規事業に参入するかしないかの話であれば3Cが使えますし、どうしたらこの商品が売れるようになるかという話であればマーケティングの4Pで考えるのが有効です。

既存のフレームワークを使うと、作業が効率化するのはもちろん、自分では気がつかないような意識の偏りやモレを防ぐことができます。

## 図表27◆アイスクリーム グルーピングの例

| グループ1<br>**世の中の食の動向** | グループ2<br>**競合他社の動き** | グループ3<br>**当社の動き** |
| --- | --- | --- |
| ・アイスクリームの市場は飽和状態にある | ・A社は独身女性を狙って、カロリー控えめの「スリムアイス」を市場に投入した | ・当社は30％増量して低価格感を前面に打ち出した新商品を発売している |
| ・人々はアイスクリームよりヨーグルトなどのほうを好んでいるようだ | ・B社の高級ライン の「プレミアムアイス」は、都市部で圧倒的な人気を獲得した | ・当社の新商品の売上げは思ったほど伸びてはいない |
| | ・C社は年配層獲得のため、カルシウムを増強した「Caクール」ラインを追加した | ・ユーザーのアンケートによれば当社の製品は全項目で平均値よりやや上の評価を得ている |

たとえば新規事業参入を考えるとき、「市場は伸びているし自社の製品も優秀だから、やってみよう」、これだけで走り出してしまうケースがよく見られます。しかし、ここで3Cを知っていれば、「競合の状況はどうだろう」ということに頭が回ります。

そうした人間が誰しも持っている思考の偏りを減らすことは、主張の説得力を増すことにつながります。

## 与えられた情報から枠組みを作る

イシューを設定したとき、同時にいくつかのファクトが手元にあることが多いので、それらをフレームワークなども活用して共通点を見極めてグルーピングし、ピラミッドストラクチャーの形に仮組みしていきます。このとき、同時に、メインメッセージの仮説を置きながら考えるとスピード感が増します。たとえば、「まったく新しいフレーバーの新商品がないと負けてしまうだろう」などです。

実際に、前出のアイスクリームの例を元に枠を作ると、前ページの図表27のような形になるでしょう。業界の分析に関することなので、仮説を支える二段目に３Ｃのフレームワークを使ってみました。３Ｃを使って与えられていた情報を「市場」「競合」「自社」の三つにグルーピングするだけで、かなり整理され見やすくなったのではないでしょうか。

こうした枠組みができてみると、「このイシューに対する、最終的に説得力のある結論（主張）を出すにはどういう情報を集め、何を考えていけばいいのか」が見えてきます。

この例でいえば、「競合の情報が三社分しかないから、もう少し数を集めたほうが説得力は増すだろう」「そうした新製品の具体的な売上げデータがあるといい」といった方針がわかります。まさに第２章で解説した仮説思考の考え方です。

先の新卒通年採用の例のように、イシューだけ設定されてまだファクトがない場合でも、やはり仮の主張や根拠を考えて枠組みを作ってみます。その後のリサーチなどで枠組みが間違っていたら修正していけばいいので、この時点で完璧な枠を目指す必要はありません。あくまで作業を効率化するための方法論だと考えましょう。

## 枠組み作りのポイント

枠組みを作るとき最も重視すべきは、先述したように、メインメッセージを直接支える二段目のキーラインのメッセージです。

キーラインメッセージの数は、大体二〜四にまとめます。

キーラインメッセージの数が二つの場合は、大体「メリット／デメリット」や「リスク／リターン」のように、裏表の関係となるパターンがよく使われます。

**キーラインメッセージに五つ以上の要素があると、ぱっと見たときに全体を把握しづらくなるので避けたいところです。**人間の脳にはどうしても限界があり、あまりに要素の数が多

**いと一度に理解できなくなるのです。**五つ以上の要素がある場合は、大抵それをグループに分けることができるので、キーラインメッセージはなるべく二〜四つにまとめるようにします。

三段目以降も、それぞれ二〜四つの根拠や情報で支えたいところですが、下のほうになってくるとキーラインメッセージほど厳密に考えなくてもかまいません。

ピラミッドの深さに決まりはありませんが、これもあまり深くなりすぎると複雑になって相手が理解しづらくなってしまうので、いたずらに詳細にしすぎるのは避けましょう。正確さを追うよりも、実際に人を動かせることのほうが重要だからです。

ピラミッドの一番下の段には、四一ページで解説した「ファクト」や、それがない場合にはキーパーソンの「コメント」などが入ります。

**一つのメッセージ（根拠）を支えるファクトやコメントは、できるだけMECEであることが望まれます。といってもも厳密なものではなく、MECE「感」があったほうがいいとい**

図表28◆新卒通年採用例

```
<イシュー>              <仮説>
新卒を通年     →        賛成
採用すべきか
                  ┌──────┼──────┐
         通年採用により、  代替手段と比較し  費用はかかるが、
         優秀な人材を獲得  ても有効        効果はそれ以上に
         できる可能性が高                  大きい
         まる
```

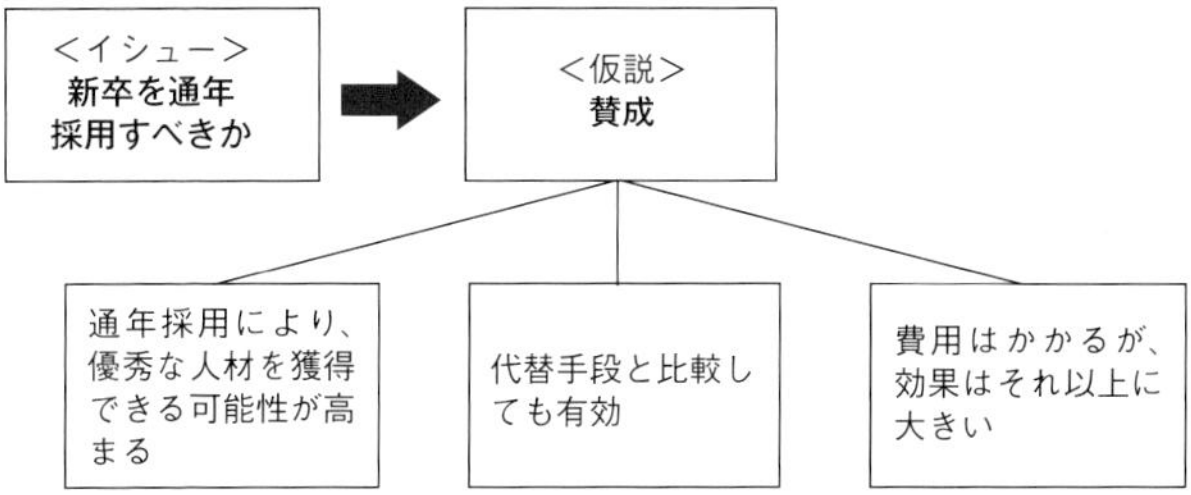


う程度です。ただし、キーラインメッセージは主張を直接支える大事な「柱」の部分なので、極力重要なモレやダブリがないことを確認し、バランスがとれているようにしておきましょう。

## 最初の枠組みにとらわれない ——枠組みを進化させる

最初から、精緻な主張や枠組みができるケースはそれほど多くありません。多くの場合、図表28のように最初はザックリとした仮説と枠組みからスタートします。

その仮説や枠組みをベースに、メッセージをサポートする情報が他にもないかリサーチしたり分析したりすることで、ただの仮説だったものを主張と呼べるだけの強固なものに高めていきます。ロジックとはそういう流れで作っていくもの

です（一六一ページの図表26参照）。
そのため枠組みも、必要に応じて最初に作ったものからどんどん進化させていきます。まさに図表26のイメージです。リサーチと分析で新しくより強固なファクトを集め、ロジックの検証をしていくことで、これまでの枠組みを修正、再構築し、少しずつ最終的な主張とロジックを組み上げていくわけです。

**この作業を進めていくうちに、最初に考えた仮の主張が変わることもありえます。**たとえば最初は「新卒は通年採用すべき」という仮説を元にロジックを組んでいたのに、ファクトを集めていくうちにそのデメリットに関する情報が多く集まったら、最終的に「新卒の通年採用は時期尚早」というふうに主張が変わってしまうこともあるでしょう。**むしろ最初の仮説にこだわりすぎるほうが、よっぽど大きな弊害があります。**

図表29に示したのは、枠組みのほうを変えた例です。たとえば、「どうすればスタッフの仕事の成果を上げられるか」というイシューに対して、最初は具体的な施策とダイレク

## 図表29◆枠組みの進化の例

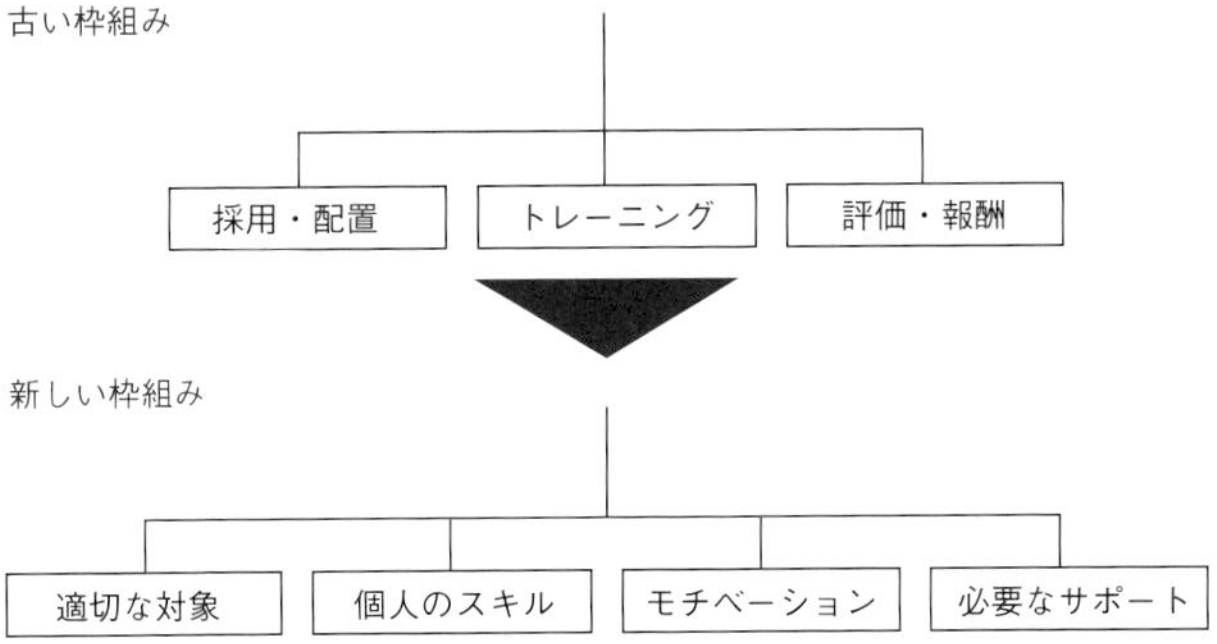


トに絡む枠組みで情報を整理しましたが、それではよい主張が出てきませんでした。そこで、従業員の目線に立って枠組みをとらえ直し、「どういうときに成果を残せるか」という枠組みで情報を整理し直したのです。枠組みも最初の仮説同様、状況に応じて変化させていく柔軟性が求められます。

# 4

# 本当にそうか？　事実を疑え

## やみくもに集めるのではなく、最初に方針を立てる

情報というものは、ただ集めるだけならいくらでも集められます。しかし、時間をかけて集めてもそのほとんどが使い物にならない情報では、非効率もいいところです。

リサーチをする際には、目的を正しく認識したうえで、どのような情報をどのように集めるかを最初に考える必要があります。

最終的にピラミッドストラクチャーで説得力のある主張をするために行うリサーチでは、目的と集めるべき情報は、

## 図表30◆データ収集の典型的手法

| | メリット | デメリット |
|---|---|---|
| 書籍・新聞・雑誌等 | ・簡単に入手<br>・基本的なものから詳細なものまで、さまざまなレベルのものがある | ・該当するものが多数あるため、目利きが必要 |
| データベース | ・網羅的<br>・過去情報が蓄積されている | ・データベースにより精度にばらつき<br>・(比較的)高額 |
| ネット検索 | ・簡単に入手 | ・信頼性が低い |
| インタビュー(ヒアリング) | ・知りたい情報を深掘りできる | ・インタビューする人・される人の主観に大きく影響を受ける<br>・実施が大変 |
| アンケート | ・一度に大勢に聞くことができる<br>・知りたい情報をピンポイントで聞ける | ・母数、分析手法によって精度にばらつき<br>・収集に時間がかかり、実施も大変 |
| 観察 | ・現場でしか得られない生情報が入手できる | ・観察者の力量により、得られる情報量・質にばらつき |

「枠の足りない部分を埋めるファクト」

「すでにあるファクトが正しいのか検証するファクト」

となります。


一四九ページのアイスクリームの例でいえば、

「競合の状況を調べるのにA社とB社、C社だけでは弱いので、他の業界大手についても調べてみよう」

「アイスクリームよりヨーグルトなどのほうが好まれる、というのは本当なのか、実際に調査しよう」

「ヨーグルト『など』とは具体的に何なのか」

といったものが、集めるべき情報として考えられます。


情報をどのように集めるかについては、代表的な手法を前ページの図表30にまとめてみました。それぞれ一長一短がありますし、「ネットで大まかなことを調べて、細かい部分はインタビュー」のように、複数を組み合わせることも有効な方法です。集めたい情報の種類や時間的制限などを考慮したうえで、上手に使い分けましょう。

## リサーチの注意点

リサーチする際の注意点としては、次のようなことが挙げられます。

○情報ソースの信頼性
ファクトはロジックの土台となる部分なので、信頼性が重要です。ロジックがどんなに精緻でも、そこに組み込まれているファクトが誤っていたら、間違った結論を出してしまいます。

たとえばWEB検索で一番トップに出てきたからといって、無批判にそれを使うのは好ましくありません。誰がどんな目的で提示、作成したものなのかを確認し、情報としての信頼度をチェックする姿勢が必要です。

○バイアスをかけない

**人間というものは誰しもバイアスがかかっており、見たいものしか見ない傾向にあります。これを「確証バイアス」といいます。人間の根源的な思考の癖といってもいいでしょう。**

たとえば新規ビジネスを始めようとしてリサーチをしていると、「アメリカでは似たようなビジネスが成功している」という情報があればそれをかなり重視する一方で、「イギリスでは似たようなビジネスは失敗している」というネガティブな情報からは、つい目を背けてしまうものです。しかしそれでは説得力のある結論を出すことはできません。

もし自分の立てた仮説に対してネガティブな情報が集まった場合でも、虚心坦懐に受け止めることが必要です。「日本と環境が違うから問題にならない」という解釈をするのか、あるいはロジックに組み込んでしまって仮説を修正してしまうのか。その時々の状況によってどちらが正しいのかは一概には言えませんが、都合の悪い情報から脊髄反射的に目を背けることは避けましょう。

ちなみに、こうした落とし穴を避ける一つの方法論として、あえて反対の主張をし、それがどの程度説得力を持つかを見てみる、という方法があります。ディベートなどは、しばしば揚げ足取りのテクニックなどと揶揄されることもありますが、正しく活用すれば、そうした視点を養うよい方法論といえるでしょう。また、会議であえて反対の意見を出させる役割「悪魔の代弁者」を置くのも、そうした工夫の一つです。

○キーパーソンから話を聞く

アンケートや統計情報などはファクトとしてよく使われますが、先述したように、すべて過去の情報であるという点が弱点です。ビジネスの意思決定は未来に向かってしなければならないのに、過去のデータばかりでロジックを組んでいると、説得力に欠けることがあります。IT業界のような流れの速いビジネスでは、特にそれが顕著です。

そうした面に関してパワフルなのが、その業界の識者やキーパーソンへのインタビューです。

たとえば今後のSNSビジネスを考える際に、これまでのミクシィやグリーの過去のデータだけを持ってきて当てはめても、説得力には欠けます。二〇一一年前半の現時点で言えば、それよりもフェイスブックの社長に一時間話を聞いてくるほうが、はるかにインパクトのある情報が手に入るでしょう。

インタビューで注意が必要なのは、あくまでも人の意見なので、偏りや間違いが含まれる可能性があるということです。フェイスブックの社長レベルであれば一人でも十分に信頼性があるかもしれませんが、そうでもないかぎり、複数の人に話を聞くのが基本です。

**三人ほどに話を聞いて同じような見解が出てきたら、十分説得力のある材料になると判断していいでしょう。**

## 情報の分析――表層から実態に迫る

集めた情報は、生データとしてそのまま使えるとは限りません。場合によっては、分析をすることでものごとの本質や実態、課題が見えてきて、より有効なファクトとして使える情報となります。

たとえば、自動車産業の市場規模はここ十年間停滞しているという統計データがあったとします。ここで終わってしまえばそれまでですが、さらに細かく分析してみると、大型車や中型車の市場は衰退しているものの、小型車の市場は成長しているという二つのデータが混在していることに気がつくかもしれません。

別の例として、ホテルでアンケートをとって顧客満足度を調べたら、平均で五点満点中四・二点という結果になったとします。このデータだけ見て「お客様は高い満足度を感じている」と考える人もいるでしょう。しかし、もう一歩踏み込んで、顧客満足度とリピート率の関係を調べてみたところ、図表31のようになったとします。これを見ると「現在の顧客満足度では、高いリピート需要につながるレベルには達していない」という分析結果

## 図表31◆顧客満足度とリピート率の関係

現在の顧客満足度4.2という値は、高いリピート需要につながるレベルではない

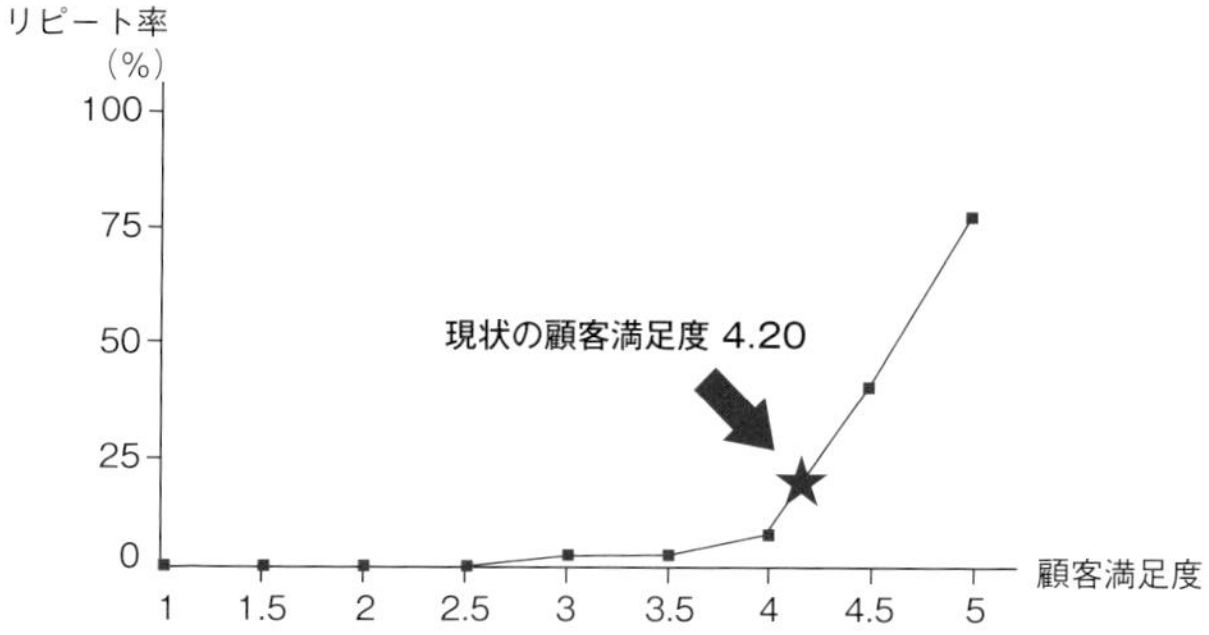


を出すことができます。ファクトとしてどちらのほうが有用かは言うまでもないでしょう。

このようによい分析をすることで、表層的な事実に止まらず、より正確な実態が見えてくるのです。

分析には、第3章で出てきたフレームワークを活用することもできます。たとえば一つのデータをマトリックス分析することで、また新しいファクトを引き出すことができます。

定量分析であれば、ある数字をさらにブレークダウンして構成要素を見る、時系列の変化を見る、別の数字との相関を見る、などが代表的な分析です。

どのような分析をするとよい結果が出てくる

かは、やってみなければわかりません。その意味では、フレームワークなどの分析手法や定量分析の切り口を数多く持っておくことが、よりよい分析結果を生み出す秘訣といえます。

## 実験で走りながらファクトを集める

リサーチをしても、必ずしもロジックを組み立てるのに十分な情報が集まるとはかぎりません。**特に新規ビジネスや新商品開発の場合、実際にやってみなければわからない部分が少なくありません。そこで重要となるのが「実験」です。**

たとえば店舗型ビジネスであれば、仮説の段階で実験店を数店舗作り運営してみることで、それまでわからなかった情報がどんどん集まってきます。走りながらファクトを集めていこうという発想です。

大手メーカーが一〇〇〇億円投資するようなビジネスとなると、気軽に実験するわけにもいきませんが、比較的少額の投資ですむ実験店舗や、ＩＴビジネス、新商品開発などであれば、むちゃな話ではありません。

自然科学では、再現性の高い実験をすることが、自説に対する強力な検証方法となります。同じように、ビジネスでも自分たちでリアルタイムに実験し、検証してみることで、よりパワフルなファクトが得られるのです。同じ新規ビジネスの企画書であっても、机上の空論でしかないものと、実験によるファクトが入ったものとでは、後者のほうがはるかに迫力と説得力を感じさせることができます。

もし実験の結果、予測していたものと違った結果が出たら、最初に立てた仮説を修正し、実験によって得られたファクトを取り込んだ新しい仮説を構築すればいいのです。

ただし、実験した結果が一般化できるかどうかの判断には、慎重さが必要です。あるエリアに出店した実験店が成功したからといって、他のエリアでも通用するとは限りません。そこには地域差もあるし、都市部や郊外といった違いも存在します。

たとえば、ある紳士服チェーンもそれで失敗しています。同社は郊外型店舗で成功し、一時は日の出の勢いがありました。しかしその後都心に店舗をどんどん出したところ、郊外で成功した手法は、都市部では必ずしも通用しませんでした。折からのマーケット全体の落ち込みもあって、大変な状況になってしまったのです。

## 5 論理の組み立ては粘り強く考え抜くこと

### 論理の三角形を成立させる

リサーチと分析により十分なファクトが集まったら、いよいよピラミッドストラクチャーを完成に向けて構築していくわけですが、その際、個別のパートとしても、全体としても、バランスのとれた「論理の三角形」を成立させることを意識しましょう。

**論理の三角形とは図表32のようにピラミッドストラクチャーをイメージ化したもので、三角形の底辺がファクトの広がり、高さがSo what（あるいはWhy）のつながりの強さを表しています。つまり十分な量があり、バランスがとれたファクトをベースに、しっかりとSo**

**what／Whyでつながったロジックを構成する、という意味です。**

図表32◆論理の三角形

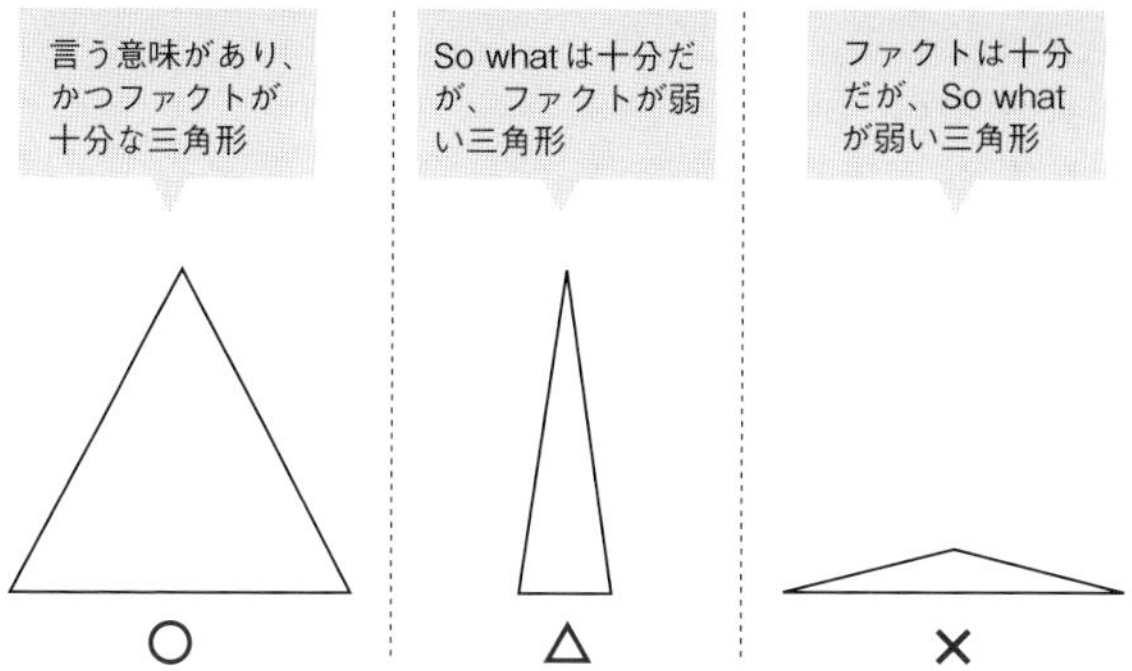


図表32の真ん中の三角形は、So whatのメッセージの強さはありますがファクトが弱いために、論理としては不安定で脆弱です。たとえば、「彼は昨日無断欠勤をしたので、解雇すべきだ」という主張は、さすがに根拠が弱すぎます。「彼が横領をしていた」など他に解雇すべき根拠があるのならともかく、無断欠勤一回で解雇という主張は説得力がまったくありません。

一方、右の三角形は、ファクトは十分なものの、So whatが弱いロジックです。

ロジカルシンキングに慣れていない人がやりが

ちなのがこのパターンで、数多くのファクトを集めたものの、そこから導き出されるメッセージがなく、単なるまとめ、あるいは編集になってしまっているケースです。事実が並んでいるだけで、「だから○○です」という明確な主張がないため、伝えられたほうは結局何が言いたいのかわかりません。

根拠としてバランスのよいファクトを集め、そこから意味のあるメッセージを導き出し、ビジネスに役立つ主張に結びつけることが必要です。

## 主張を支える二段目にこだわる

一六五ページにも書きましたが、よいピラミッドストラクチャーを作るには、主張を直接支える二段目のキーラインメッセージが重要です。

**キーラインメッセージは「私はこれを主張します。なぜなら○○と△△と□□だからです」のように、ピラミッドストラクチャーを支える、一番重要な柱にあたるものです。ここがしっかりしていないとロジックそのものが揺らいでしまいます。**

枠を作るところでも書きましたが、キーラインメッセージは二～四つにまとめます。一つだけだと主張を支えるには不十分ですし、五つ以上だと今度は複雑になりすぎて理解しづらくなってしまいます。

そして、その二～四つの根拠がバランスよく、イシューに沿ってMECEに近くなっていることです。

三段目より下は、それほどMECEにこだわることはありません。しかしキーラインは別です。直接主張を支える部分で大きなモレがあっては、とたんに説得力がなくなってしまいます。逆にいえば、ここさえしっかり枠組みを考えて「柱」ができていれば、ロジックの強固さは保たれます。イメージとしては、八～九割程度MECE感があれば十分でしょう。

## 上と下の両方からロジックをつなげる

ピラミッドストラクチャーに入るメッセージを作っていく作業は、大きく分けて下から上に向かってSo whatを問いかけていくボトムアップのやり方と、上から下にWhyを問いかけてロジックをつなげていくトップダウンのやり方の二種類あります。

○So what（だから何？）――下から上へ

下から上にロジックをつなげていくには、集めたファクトに対してSo what?（だから何？）と問いかけ、解釈を引き出していきます。この作業を「メッセージの抽出」と呼びます。

たとえば前出のアイスクリームの例では、次のようにメッセージを抽出することができます（実際にはもっと情報を集めることが多いのですが、ここでは、元の情報で十分と仮定します。また、「消費者は、アイスクリームよりもヨーグルトなどのほうを好んでいる」は裏付けが取れたものとします）。

〈市場の動向〉

・近年、アイスクリームの市場は飽和状態にある

・消費者は、アイスクリームよりもヨーグルトなどのほうを好んでいる
←
「アイスクリームはトレンドから外れつつある」

〈競合の動き〉
・A社は独身女性を狙い、カロリー控えめの「スリムアイス」を市場に投入した
・B社は高級ラインの「プレミアムアイス」が、都市部で圧倒的な人気を獲得している
・C社は年配層獲得のため、カルシウムを増強した「Caクール」ラインを追加した
←
「各社は狙うべきセグメントを絞って、特徴のある新商品を投入し、売上げの維持を図っている」

〈自社の動き〉
・当社の新商品の売上げは予想したほど伸びてはいない
・当社は三〇％増量して低価格感を前面に打ち出した新商品を発売している

・ユーザーアンケートによれば、当社の商品は全項目で平均値よりやや高い評価を得ている

←

「当社の商品は訴求ポイントが不明瞭で、特定のファン層が存在しない」

そしてこれらのメッセージを集め、さらに上位のメッセージ（解釈）を引き出し、最終的な主張を作り出します。

アイスクリームの例でいえば、こうなります。

・アイスクリームはトレンドから外れつつある

・各社は狙うべきセグメントを絞って、特徴のある新商品を投入し、売上げの維持を図っている

・当社の商品は訴求ポイントが不明瞭で、特定のファン層が存在しない

←

「当社は、特徴ある商品を市場に投入することにより特定のファン層を獲得しなければ、市場基盤の維持は困難である」

## 図表33◆アイスクリームの例

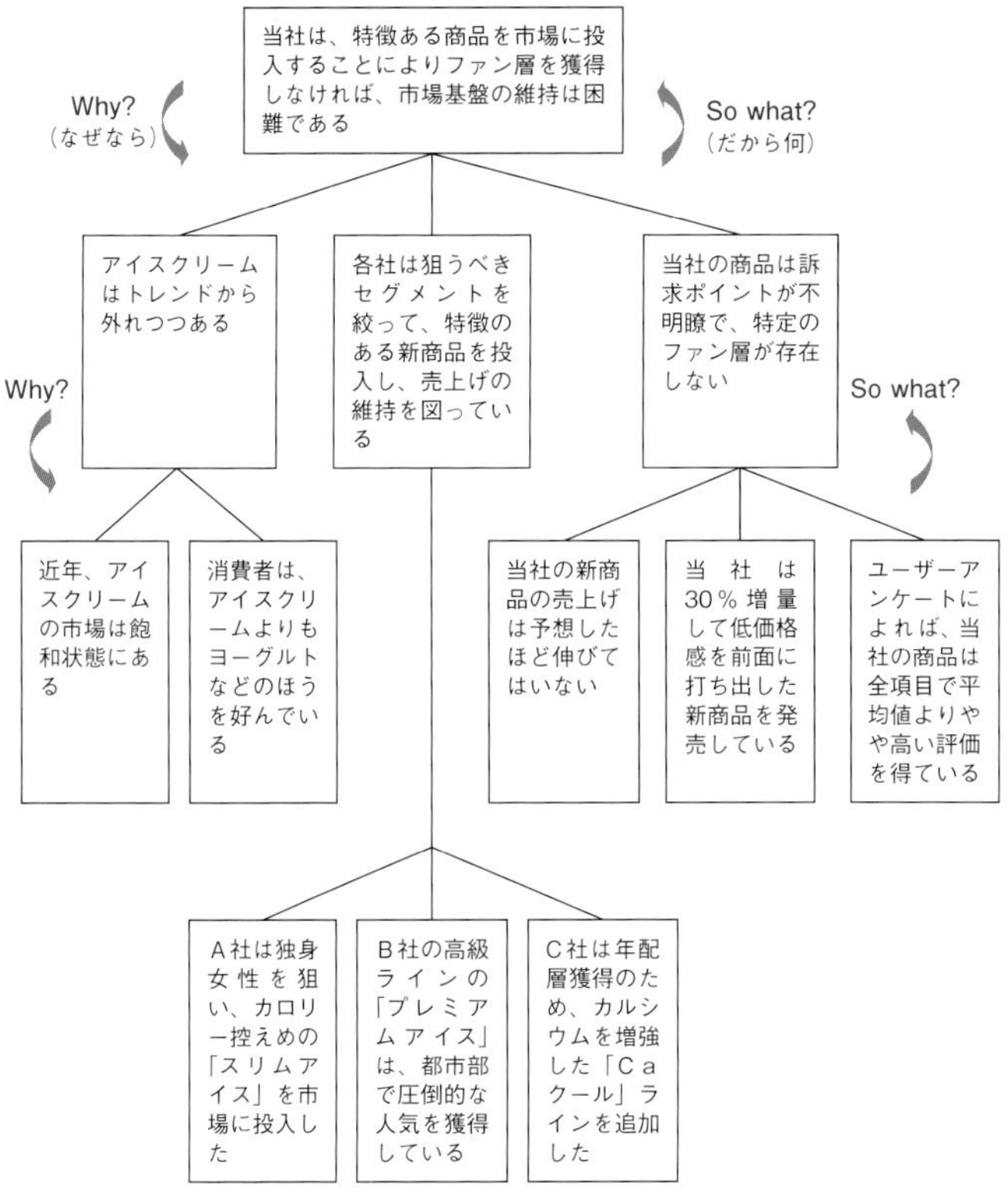
当社は、特徴ある商品を市場に投入することによりファン層を獲得しなければ、市場基盤の維持は困難である
Why?（なぜなら）
So what?（だから何）
アイスクリームはトレンドから外れつつある
各社は狙うべきセグメントを絞って、特徴のある新商品を投入し、売上げの維持を図っている
当社の商品は訴求ポイントが不明瞭で、特定のファン層が存在しない
Why?
So what?
近年、アイスクリームの市場は飽和状態にある
消費者は、アイスクリームよりもヨーグルトなどのほうを好んでいる
当社の新商品の売上げは予想したほど伸びてはいない
当社は30％増量して低価格感を前面に打ち出した新商品を発売している
ユーザーアンケートによれば、当社の商品は全項目で平均値よりやや高い評価を得ている
A社は独身女性を狙い、カロリー控えめの「スリムアイス」を市場に投入した
B社の高級ラインの「プレミアムアイス」は、都市部で圧倒的な人気を獲得している
C社は年配層獲得のため、カルシウムを増強した「Caクール」ラインを追加した

これを図示すると、図表33のようなピラミッドストラクチャーの形になります。

○Why（なぜ？）——トップダウン

最初に主張（仮説）があり、そこから「なぜなら、こういう理由があるから」とそれを支えるに足る根拠を導き出していきます。

So what とWhyは、ロジックのつながりをお互いに検証し合う関係にあります。ファクトをベースにSo whatでメッセージを抽出したら、今度はWhyでそのメッセージから元のファクトにきちんとつながっているかを検証します。もし、逆の方向から検証して説得力がないようであれば、ロジックのつながりにどこか無理がある可能性があります。

たとえば図表34は、「自分が今後社内でどのような身の振り方をすべきか」というイシューから作られたピラミッドストラクチャーですが、一番下のファクトを集めて解釈をつなげていくと、もう「会社を辞めるべき」という答えしか出てきません。

## 図表34◆トップダウンのチェックは忘れずに

【状況】仕事のやり方をめぐって上司とぶつかり、激しく叱責された。
自分の置かれた状況を改めて見直すと……

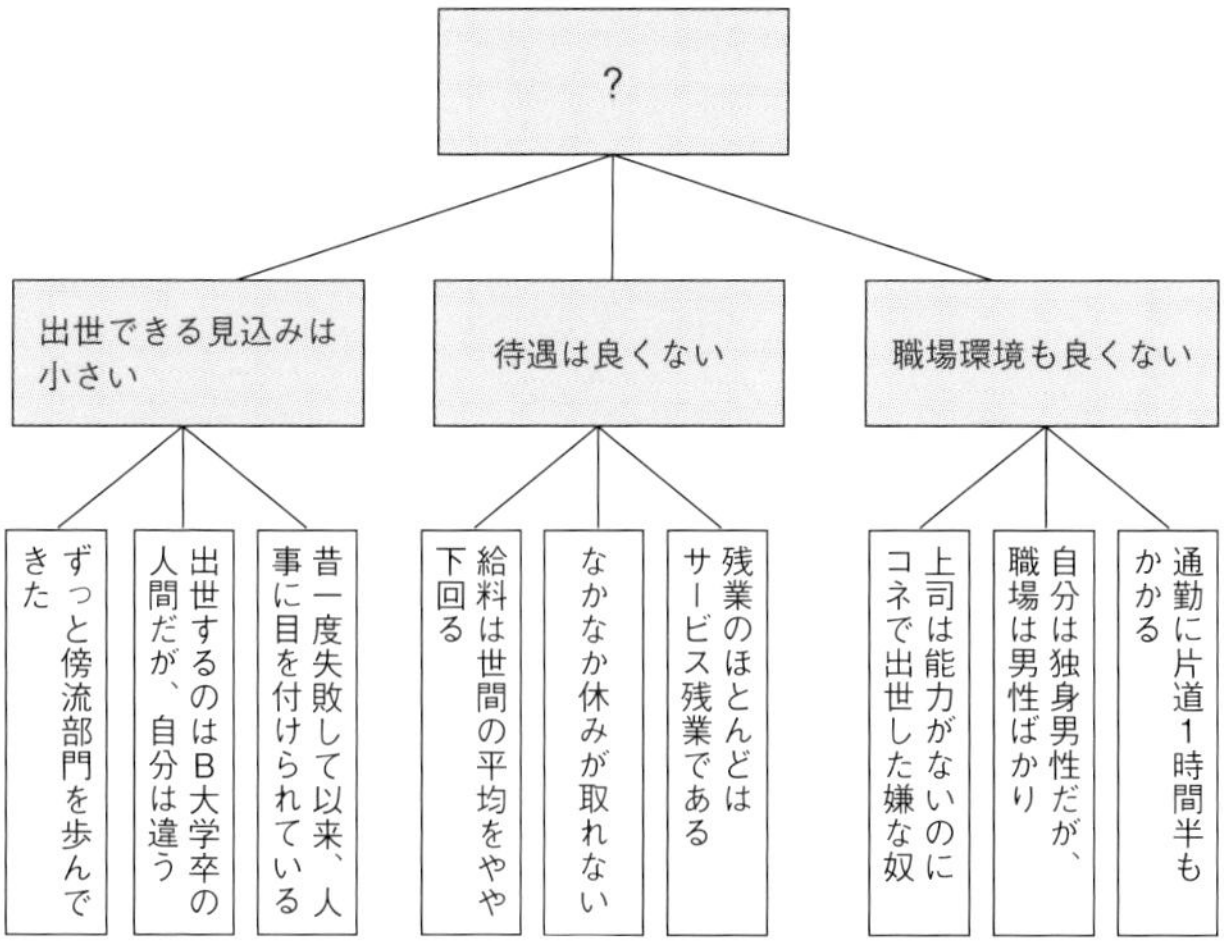
?
出世できる見込みは小さい
待遇は良くない
職場環境も良くない
ずっと傍流部門を歩んできた
出世するのはB大学卒の人間だが、自分は違う
昔一度失敗して以来、人事に目を付けられている
給料は世間の平均をやや下回る
なかなか休みが取れない
残業のほとんどはサービス残業である
上司は能力がないのにコネで出世した嫌な奴
自分は独身男性だが、職場は男性ばかり
通勤に片道1時間半もかかる

しかし、トップダウンで「会社を辞めるべき」という主張に対してWhyを問いかけると、「職場環境」「待遇」「出世の見込み」の三つの根拠だけで決めていいかという疑問が生じます。何か考え漏れはないかと見ていけば、「やっぱりこの仕事が好き」という新しいファクトが見つかり、「もう少しがんばる」という主張になる可能性もあるのです。

So whatをしっかり考えることは重要ですが、それだけで終わりにするのではなく、もう一回トップダウンで、説得力のあるロジックが組めているのかを考えてみることが大切です。

**実際の作業としては、ボトムアップとトップダウンの両方向でロジックを組み立て、チェックをし、またロジックを組み立て、というように、上と下を行ったり来たりしてピラミッドストラクチャーを完成させていきます。**

枠組みのところでも述べたように、作業の途中でも、チェックをしてどこかで不都合な部分や矛盾が現れたら、どんどん修正していきます。場合によっては、ピラミッドストラクチャーの構造そのものを大幅に作り直したり、最初に考えていた主張（仮説）を変えてしまうことも必要です。

## So whatは粘り強くひねり出すもの

**若手のコンサルタントは、いかによいSo whatを出すかをたたき込まれます。それはSo whatを考えるほうがWhyに比べて難しいからです。**

実際、慣れていない人のピラミッドストラクチャーを見ると、単に下のファクトやメッセージの繰り返しや単なる言い換えになっているケースがよく見られます。

So whatによるメッセージの抽出は、機械的にやれば誰にでもできるというものではありません。与えられた情報から何がいえるのかを徹底的に考え抜いて、頭の中からひねり出してくるものです。「抽出」という言葉には、そういう意味合いも含まれています。

ただボーッと考えているだけでは、よいメッセージは抽出できません。

たとえば次のようなファクトから、三パターンのメッセージを抽出したとします。

〈ファクト〉

「旅行代理店には、中小企業が多い」

「不動産仲介業には、中小企業が多い」

「人材斡旋業には、中小企業が多い」

↑

〈メッセージ〉

（1）サービス業には中小企業が多い　△
（2）情報を仲介する事業には、中小企業が多い　◯
（3）設備に費用がかからない業種には、中小企業が多い　◎

それぞれのメッセージを見ると、（1）は少し安易です。「ＡＮＡとかソフトバンクとか、サービス業でも大手はたくさんある」と言われてしまえばそれまでです。（2）はメッセージとして悪くはありませんが、（3）に比べると一歩踏み込みが足りない感じがします。このメッセージを聞いても、「そうかもしれないけど、なんでそうなるのだろう？」という疑問が湧く人もいるでしょう。

それに対して（3）は、よりビジネス的な視点を入れたことで非常に納得のいくメッセージとなっています。他のメッセージに比べて、より範囲を絞り込んで具体的になっているのもよい点です。範囲の広い一般論よりも、「あなたの業界はこうです」と具体的なメッセージで迫ったほうが、より説得力が増し、相手も具体的なアクションに結びつけやすくなります。

なお、よいメッセージを抽出するには、ビジネスのセンスが必要となります。

たとえば一九九二年にグロービスが創業する以前は、アメリカと違って日本には本格的なビジネススクールが三校しかありませんでした。普通の人であれば、そこから「日本にビジネススクールがほとんどないということは、アメリカと違ってそのニーズがないからだ」と考えてしまいがちです。

ところがグロービスの創業者である堀義人は、日本と同等の先進国であるアメリカには数百校のビジネススクールがあるというファクトと合わせ、同じファクトから「日本には満たされていないビジネススクールのニーズがある」というメッセージを抽出したのです。そして、そこからさらにリサーチと分析を重ね、「いける」と確信したことからグロービスを立ち上げました。

このように同じファクトから、まったく逆の解釈をする人もいます。結局、日々のトレーニングや経験、価値観、それにセンスが解釈の違いとなって表れるのです。

# 6 文書にして伝える

## ピラミッドストラクチャーを文書・文章に

ピラミッドストラクチャーができたら、最後にそれを相手に伝える文書や文章の形に直します。

ピラミッドストラクチャーを使って自分の主張を構成するメリットの一つに、論理展開の構造がはたから見える形ではっきりしているため、文書や文章に直しやすいということがあります。ピラミッドストラクチャーの構造をそのまま文書や文章に落とし込めば、それなりの形にできあがります。

図表33（一八七ページ）に示したアイスクリームの例を使って、それをメール文に落としたものが左の文章です。一般に、メールや報告書、企画書といった文書は、箇条書きにしたり、インデント（文字下げ）をうまく使うとわかりやすい文書になります。


当社は、特徴ある商品を市場に投入することによりファン層を獲得しなければ、市場基盤の維持は困難であると考えます。

その根拠は、以下に挙げる「市場の動向」「競合の動き」「自社の状況」の３点です。以下、詳細を説明します。


〈市場の動向〉

「アイスクリームはトレンドから外れつつあります」

近年、アイスクリームの市場は飽和状態にあります。また消費者は、アイスクリームよりもヨーグルトのほうを好んでいます。


〈競合の動き〉

「各社は狙うべきセグメントを絞って、特徴のある新商品を投入し、売上げの維持を図っています」
- Ａ社は独身女性を狙い、カロリー控えめの「スリムアイス」を市場投入
- Ｂ社の高級ラインの「プレミアムアイス」は、都市部で圧倒的な人気
- Ｃ社は年配層獲得のため、カルシウムを増強した「Ｃａクール」ラインを追加

〈自社の状況〉

「当社の商品は訴求ポイントが不明瞭で、特定のファン層が存在しません」
- 当社は30％増量して低価格感を前面に打ち出した新商品を発売しました。しかし、その売上げは予想したほど伸びていません。
- その一方で、当社の商品は全項目で平均値よりやや高い評価を得ています。

このようにピラミッドストラクチャーの構造を文書に変換するだけで、それなりにわかりやすい形になりました。一四九ページに示した、最初に出てきたメールに比べると、何が言いたいのかが非常にわかりやすく、説得力も増しているのがわかるでしょう。

仮にこの主張に納得しない人でも、書き手がどのような筋道で最終的な結論を出したのかは非常に明確です。

なお、前頁のメールは箇条書きを用いましたが、それらを多用しなくても、適切な接続詞や助詞を使って文書の形に整えることももちろん可能です。

## 文書にするときのポイント

文書や文章の形式にはいくつかのパターンがありますが、ビジネスの場合で相手の気分を害さない内容であれば、最初に主張を述べるメッセージファーストがいいでしょう。最初に主張を述べ、その根拠を書き、最後にだめ押しでもう一回主張を述べるのが効果的です。特に外国人に伝えるときは、この形式が向いています。

ただし、取引中止を伝えるときなど、相手の感情に配慮しないといけないときは、主張を最後に持ってきて様子を見ながら伝えたほうがいいケースもあるので、そこは臨機応変に考えてください。

また、ピラミッドストラクチャーをベースにしたとして、下の段のほうまでまんべんなく盛り込もうとすると、情報量が多くなりすぎたり構造が複雑になったりしてしまい、全体像がわかりにくくなります。文章ならまだ読み返すことができますが、口頭の場合はわけがわからなくなってしまいます。

文書や文章にする場合は、せいぜい三段目くらいまでの内容を示すにとどめ、反論されそうなところや質問が来そうなところに関しては、ファクトなりデータなりの資料を添付しておくといいでしょう。主張に対して質問や反論があったら、より深いレベルの根拠やファクトを取り出して説明すればいいのです。

Q&A

――ピラミッドストラクチャー作成に関して、初心者によくありがちな失敗とはどんなものですか。それはどうすれば避けられるのでしょうか。

**嶋田** そうですね、受講生の方の作ったピラミッドストラクチャーを見ると、一見きれいにできているようで、実は論理的なつながりが悪いものがよくあります。So whatやWhyの関係ができておらず、「なんでこの結論が出るのだろう?」とか、「これはあの情報がないと言えないはずなのに、それをどこから持ってきたのだろう?」といった疑問点が見えることが多いです。

きちんとロジックがつながっているかをチェックする一番シンプルな方法は、違った視点で見てみることです。

具体的には、

「一日おいて見直してみる」
「あえて違った考え方を意識して見直してみる」
「チームの他のメンバーに見てもらう」
といった方法があります。そうすることにより、より客観的な目でチェックをすることができます。

**――他にはどんなパターンがありますか。**

**嶋田** もう一つ、ロジックがつながっていないケースでありがちなのが、思いこみによる論理の飛躍です。

人間は、相手が自分と同じ価値観を持っているとか、情報が共有できていると思いがちですが、それが誤りのもとです。理屈では「人の価値観はみんな違う」とわかっているにもかかわらず、無意識のうちに「世の中の人は自分と同じ考えを持っている」と考えてしまう人が意外と多いのです。

たとえばものすごく健康に興味がある人であれば、「人はみな健康に関心を持つものだ」と考えるかもしれません。それはある意味事実かもしれませんが、世の中には、健康に無頓着な人やセグメントも一定の割合で存在します。

それなのに、「人はみな健康に関心を持つものだ」ということを間違いのないファクトと考え、「若者向けの健康雑誌を作ろう」という企画を考えるのは、少し安易です。生活習慣病が気になり始める年代ならいざ知らず、若者にそういう雑誌が受けるかというと難しいでしょう。

こうしたケースで難しいのは、自分ではそれが当たり前だと思っているだけに、論理が飛躍していることに本人が気がつきにくいという点です。

こうしたことを避ける方法論としてよく言われるのは、「全然違う業界の人、違う業務に携わっている人を相手に説明したときでも、きちんと通じるか考える」ということです。

**論理の飛躍は、往々にして「AならばBになるのが当たり前」という思いこみから生まれます。**ところが違う業界の人などには、「AならばBです。なぜなら……」と順を追って丁寧に説明しないと理解してもらえません。そこであらためて考えてみることで、「あれ、AならばBだと思っていたけれど、もしかして違うケースもあるのかも」と気がつくことができるのです。

こうした健全な批判精神に基づいたチェックが、よりロジカルで隙のない主張を作りあげるのです。

**――いくら偏りがないようにファクトを集め、丁寧にロジックを組み上げようとしても、どうしても人間の思考にはバイアスがかかってしまう気がします。そこはどう考えればいいのでしょうか。**

**嶋田** ご指摘のとおりです。人間は、最初に仮説として置いた主張に沿ったファクトを集めたりメッセージを抽出したりしてしまうものです。

**より慎重を期すなら、最初に戻ってまったく逆の主張を仮説として置いてピラミッド**

## ストラクチャーを作ってみるといいでしょう。

たとえば、一五四ページの「新卒の通年採用」の例では、まず「賛成」と仮説を置いて、ロジックを組み立てていきました。このとき「反対」を仮説として置いたロジックも同時に作り、その説得力を比較するわけです。

ビジネスにはスピード感が必要なので、すべてのケースで複数パターンのピラミッドストラクチャーを作るのは時間的に難しいものがあります。最初の段階で、ある程度正しいだろうと思われる主張が見えるケースであれば、よほどの落とし穴がないかぎり、そちらを検証するだけで十分でしょう。しかしどちらの主張が正しいのか微妙な案件で、さらに重要性が高い意思決定の場合は、両方の立場からロジックを考え、比べてみるのが現実的な方法といえます。

# 第5章

# 問題の本質をとらえ、解決策を導く

1

# 四つのステップで問題を考える

## ロジカルシンキングを活用して効率的に問題解決を

ロジカルシンキングの実践編として前章では「自分の主張を伝える方法」を解説しましたが、本章ではもう一つの実践的な使い方である「問題解決」を解説します。

ビジネスをしていると、

「新商品の売上げが期待していたほど伸びない」

「先月から、工場生産品の不良率が二倍になった」

など、解決しなければならない問題が出てきます。こうした問題に対して、ただ漠然とどうしたらよいのか考えても、そう簡単には解決方法は見つからないものです。仮に解決方法を発見できたとしても、その手段がベストの方法なのか、他にも解決方法はないのか、といった問いに答えることはできません。

そんな問題解決の場面で、非常に強い力を発揮するのがロジカルシンキングです。一つひとつのステップを踏みながら、論理的に原因を分析していくことで、ベストに近い解決策を導き出すことができます。

## 誰でも問題解決が容易に――問題解決の四つのステップ

ロジカルシンキングで問題の本質をとらえ解決策を導き出すためには、二〇七ページの図表35に示した四つのステップに沿って考えていきます。

①問題の特定

まずは、「解決しなければならない課題」を設定します。「正しい解決策」は「正しい問題設定」からのみ生まれてくるといっても過言ではないでしょう。「What――何が問題なのか」から、すべてはスタートします。これは、いままで議論してきた、イシュー（論点）を正しく設定するということともほぼ同じ意味合いです。

②問題箇所の特定

①で特定した問題において、最も重要な箇所を見つけ出します。問題の大きさはもちろんのこと、その問題を改善することによってどれだけ効果が出るのか、つまり改善感度の高い箇所を特定します。「Where――どこが最も改善感度の高い問題箇所なのか」の質問をします。

③原因分析

②で特定した問題箇所について、なぜその問題が生じているのかを徹底的に追究し、解決すべき本質的な原因を明らかにします。「Why――なぜ問題が生じているのか」を問いかけます。

なお、「Where」も同様ですが、「Why」の問いかけは、通常一回で終わることはありません。本質的な原因追究に至るまで、「なぜ」「なぜ」「なぜ」と深掘りして考える必要

## 図表35◆問題解決のステップ

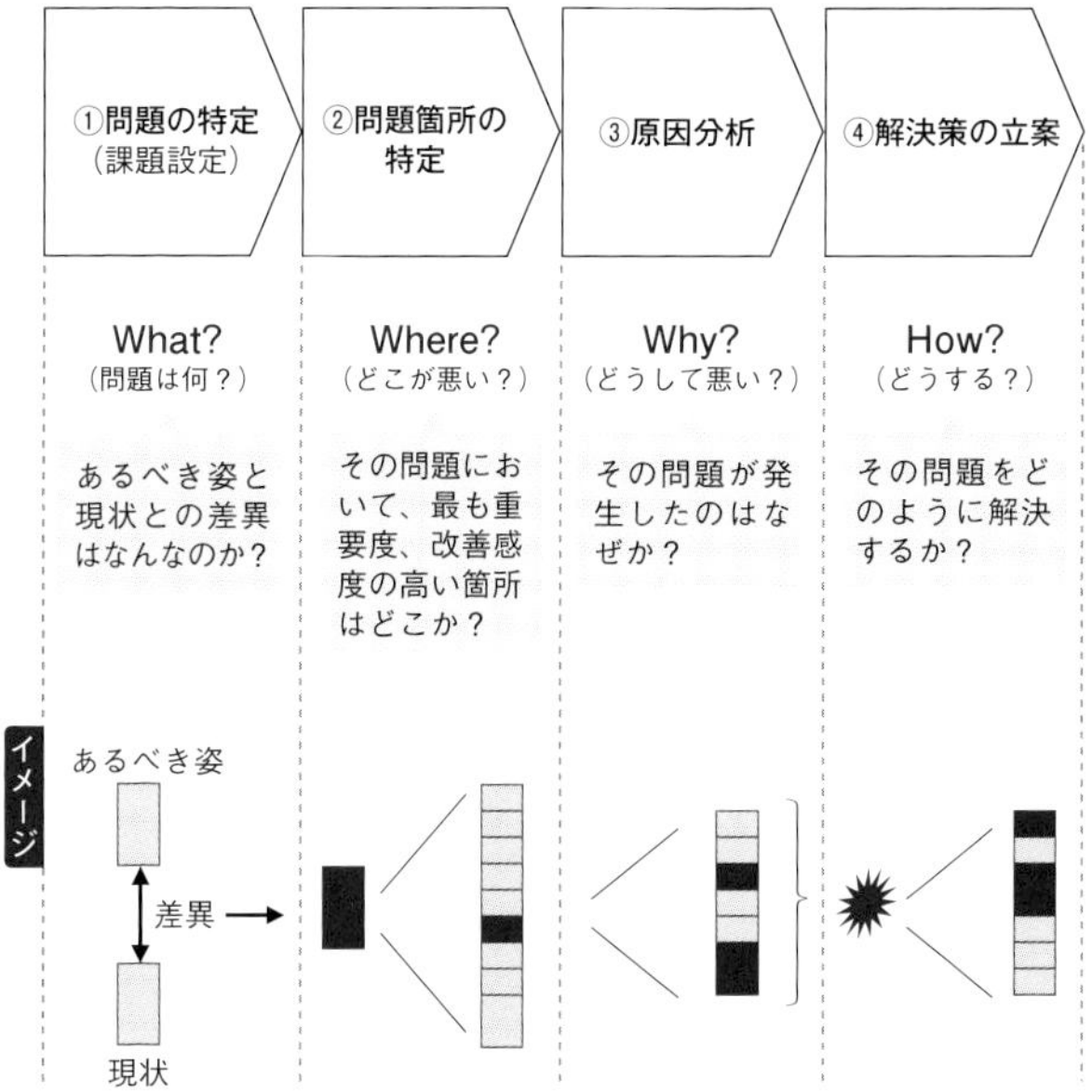
①問題の特定
（課題設定）
②問題箇所の特定
③原因分析
④解決策の立案
What?
（問題は何？）
あるべき姿と現状との差異はなんなのか？
Where?
（どこが悪い？）
その問題において、最も重要度、改善感度の高い箇所はどこか？
Why?
（どうして悪い？）
その問題が発生したのはなぜか？
How?
（どうする？）
その問題をどのように解決するか？
イメージ
あるべき姿
差異
現状

があります。

④解決策の立案

③で見えてきた原因を改善するためにはどうすればいいのか、解決策のオプションをできるだけ数多くリストアップし、その中からコストや効果などを判断軸として、適切な解決策を選択します。「How——どうやって問題を解決するか」をしつこく考え続けます。

状況によっては、②問題箇所の特定と③原因分析を明確に分けず同時に進めていくケースもありますが、基本はこの四ステップです。

こうした段階をしっかりと踏んでいくことで、無駄な作業により時間を浪費することなく、効果的で実行可能な解決策を導き出すことができます。

# 2 あるべき姿との差が問題点（第1ステップ）

## あるべき姿を具体的にする

**問題とは、「解決しなければならない課題」と書きましたが、もう少し具体的に書くと「あるべき姿と現状との差」となります。**

あるべき姿と現状が一致していればなんの問題もありませんが、現実にはそうしたケースは多くありません。あるべき姿と現状に違いがある場合は、それをできるだけ小さくし埋める努力をする必要があり、その作業こそが問題解決なのです。

さて、問題を特定するためには、あるべき姿を明確にする必要がありますが、実はそれが一番難しい作業です。

「売上げ目標が年間一三〇億円のところ、現状は一〇〇億円しかない」という場合は簡単です。あるべき姿は「年間売上げ一三〇億円」で、現状との差は三〇億円。この三〇億円足りないことが問題となります。

「機械が故障した」など、トラブルが起きている場合もわかりやすい例でしょう。あるべき姿は「トラブルが解消された状態」であり、現状をいかにそこに近づけるかが問題です。

ところが「子供が勉強しない」という状況での問題特定、課題設定は難しいものがあります。単純に考えれば「勉強する状態」があるべき姿ですが、しかし子供が親の言うとおりになって毎日勉強することが、本当に子供としてあるべき姿なのかと問われると、一概に正しいとは言い切れません。もしかしたら、子供に勉強を強要するよりも、子供の才能に合わせて焦らず育てていくことが本来のあるべき姿かもしれません。

あるべき姿の明確化、ひいては問題の特定には、ただ一つの正解があるわけではありません。あるべき姿とは、将来を見据えたビジョンなり目標設定に近いものです。それは、一人が独善的に決めるものではなく、関係者が集まってディスカッションしながら明確にしていくものです。

事業の売上げに関することであれば経営陣が集まって、子供に関することであれば両親と、場合によっては子供自身も一緒になって、誰か一人の独善ではなく、また安易でぬるい方向ではないあるべき姿を決めていきます。

**あるべき姿は、具体的なイメージが湧く形であることも大切です。**

たとえば「地球に優しい企業に」というフレーズは、響きはよいのですが、問題を特定するためのあるべき姿としては抽象的すぎます。もっと具体的に、たとえば「製品の製造時に発生する$CO_2$を半分にする」といった、数字などを用いた表現に落とし込むことが有効です。

## 本当に解決すべき問題を発見する

ある企業が次のような状況に陥っているとします。

最近、顧客から電話対応に関するクレームが多発している。新商品に関して顧客からの問い合わせが多いのだが、担当者が不在の場合が多いため、他の部署の社員がその対応に追われて本来の業務に支障をきたしている。また、担当者への連絡がしっかり伝わっていないのか、どうしても対応が遅れ気味になってしまい、顧客が不満を感じている。

この問題を解決するにはどうしたらいいでしょうか？

「社員一人ひとりにスマートフォンを持たせて、外出中でも綿密なやり取りができるようにする」

「コールセンターを設けてそこで対応させる」

といったアイデアが出てくるかもしれませんが、これらは本当に解決すべき問題が見えていないように思えます。

このケースであれば、本来解決すべき問題は、「電話対応を改善」することではなく、「情報やコミュニケーションに関する顧客満足度を上げること」とするほうがよいでしょう。たとえコールセンターを設けて電話対応を改善したとしても、本質的な解決にはなっていないのです。

そもそも新商品にもっとわかりやすいマニュアルをつけたり、公式サイトにきっちり情報を載せておけば、電話の問い合わせ自体が減るはずです。もっと遡って、商品の設計自体にどこか問題があったために問い合わせが多発している可能性もあります。目の前の事象にとらわれるのではなく、より高い視点から問題全体を見ることが大切です。

## 3 「なぜ」を繰り返して、原因を発見する(第2、第3ステップ)

### ロジックツリーで問題の本質を突き止める

問題を特定したら、その中で最も重要で改善感度の高い箇所の特定と、その原因の分析により、問題の本質的な原因を突き止めます。そのツールとして、第2章で紹介したロジックツリーを使います。

ロジックツリーは、第4章で紹介したピラミッドストラクチャーと一見似ていますが、使い方や意味合いはまったく違います。

ピラミッドストラクチャーは一番下にファクトがあり、どのレベルの三角形を見ても、上には必ずメッセージ、つまり解釈（So what）が入ります。そうしたメッセージを紡いで、最終的に説得力のある主張（メインメッセージ）を引き出します。

それに対して**ロジックツリーは、一番上にある要素やテーマを、より小さな構成要素へとシステマティックに分解していくために使います。枝の途中にメッセージは入りません。純粋に、ある要素やテーマをブレークダウンしていくツールです。**

## 問題箇所の特定（Where）

まずは問題箇所、つまりどこ（Where）が悪いのかを特定していきます。

たとえば二一七ページの図表36のように「わが社のコストが高すぎる」というときに、社内で発生するコスト全体を見てもどこをどう改善すれば最も効果的なのかはわかりません。そのためにロジックツリーを使ってコストを分解し、「どこに一番無駄なコストがかかっているのか」を見つけ出します。

分解ができたら、その中から一番大きな問題箇所、言い換えれば最も改善感度が高い部分を探す作業に入ります。

あるいは大学に合格するためにテストの総合得点を上げる必要があるとします。もし前回の模試で数学が九〇点、英語が三〇点だったとすると、これ以上数学をがんばっても一〇点を取るのは難しいですし、得点も一〇点しかプラスにならないので、そこに時間とエネルギーを費やすのは非効率的です（もちろん、その学力を維持する努力は必要ですが）。それに対して英語をがんばって勉強すれば、六〇点程度はいけそうですし、そうすれば得点も三〇点のプラスになります。この場合、英語のほうが改善感度は高く、ここが重要な問題箇所といえるのです。

特にビジネスでの問題解決では、コストや時間の制約があるため、改善感度が高いところから潰していくのが鉄則です。

図表36の例では、原材料費と物流費に改善の余地があることがわかります。物品の購入費もコスト削減の余地はありますが、もともとかかっているコストが小さいため、仮に五〇％削減したところで全体から見るとたかが知れています、そのため、物品の購入費は改善感度が低く、重要な問題箇所ではないといえます。

図表36◆問題箇所の特定

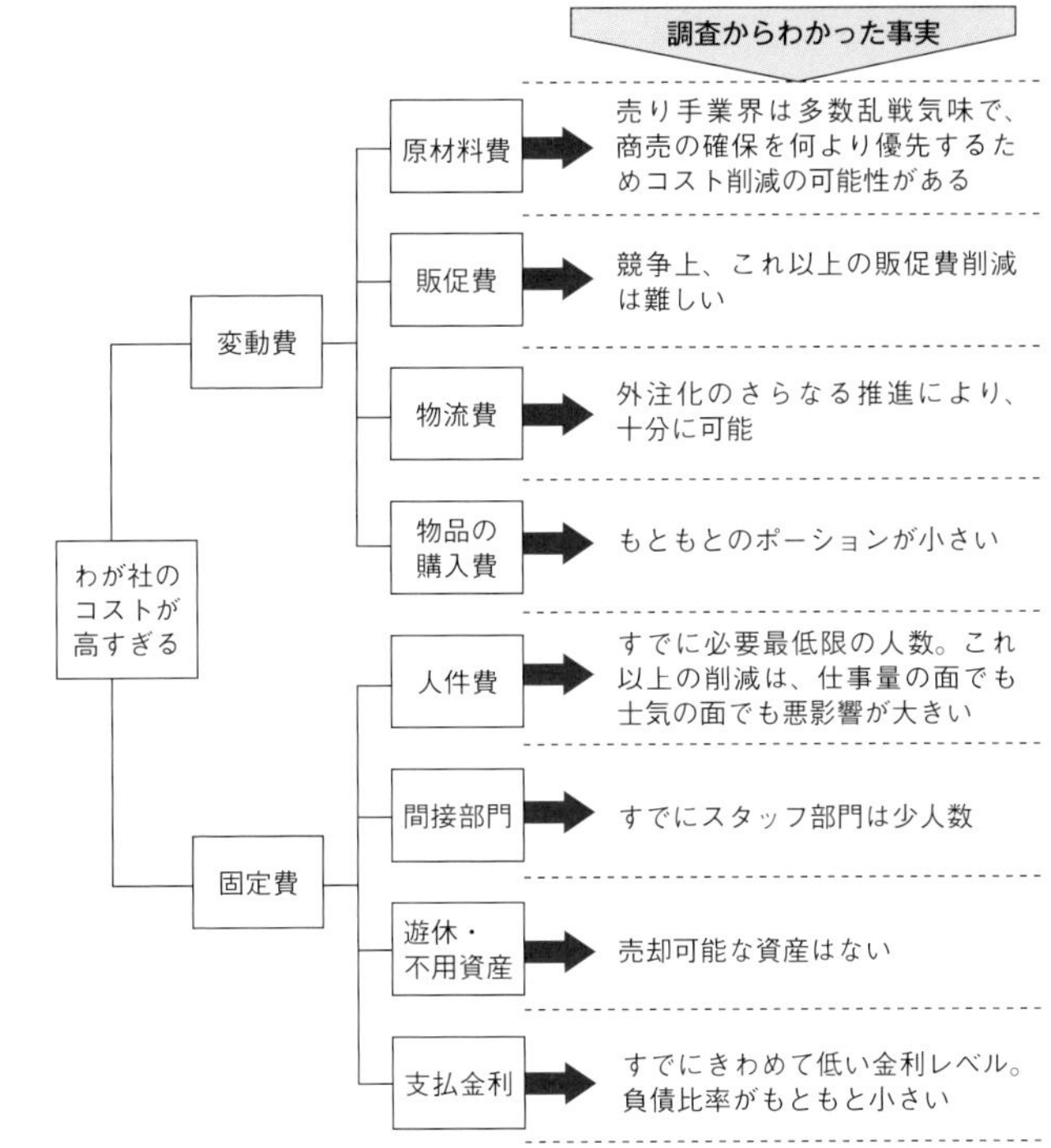
調査からわかった事実
わが社のコストが高すぎる
変動費
固定費
原材料費
売り手業界は多数乱戦気味で、商売の確保を何より優先するためコスト削減の可能性がある
販促費
競争上、これ以上の販促費削減は難しい
物流費
外注化のさらなる推進により、十分に可能
物品の購入費
もともとのポーションが小さい
人件費
すでに必要最低限の人数。これ以上の削減は、仕事量の面でも士気の面でも悪影響が大きい
間接部門
すでにスタッフ部門は少人数
遊休・不用資産
売却可能な資産はない
支払金利
すでにきわめて低い金利レベル。負債比率がもともと小さい

## 原因を分析する（Why）

影響が大きく改善感度の高い問題箇所を特定したら、次はなぜ（Why）それが生じたのかを深く追究し、原因を明らかにします。

具体的には、「なぜ」という問いかけを根本的な原因にたどり着くまで、何回も繰り返していきます。

たとえば「自分が命

じた仕事に対して、部下がイメージどおりに動かない」という問題があったとします。その問題に対して「なぜ」という疑問をぶつけると、「わかっていないから」「その仕事をやりたくないから」「その仕事ができない（と思っている）から」という三つの原因の候補が出、ヒアリングなどをした結果、その中でも「やりたくないから」という理由が最も本質的な原因であることがわかったとします。

ポイントは、ここで満足して止まるのではなく、さらに一歩踏み込み、「やりたくないのはなぜ」と、さらに深掘りしていくことです。そして、そこで出てきた原因に対しても、さらに「なぜ」をぶつけ、これを何度も繰り返します。

その結果をロジックツリーにまとめたのが、図表37です。こうしてロジックツリーに則って考えていくことで、特定された問題箇所に対する本質的な原因が発見しやすくなります。

ところで、図表37は、「なぜ」の質問のたびに原因を確認していった例ですが、最初にある程度の候補を網羅的に洗い出し、どこに当てはまりそうか当たりをつけて分析するというアプローチもあります。二二〇ページの図表38のようなロジックツリーを作り上げ、

**図表37◆原因を深掘りする**

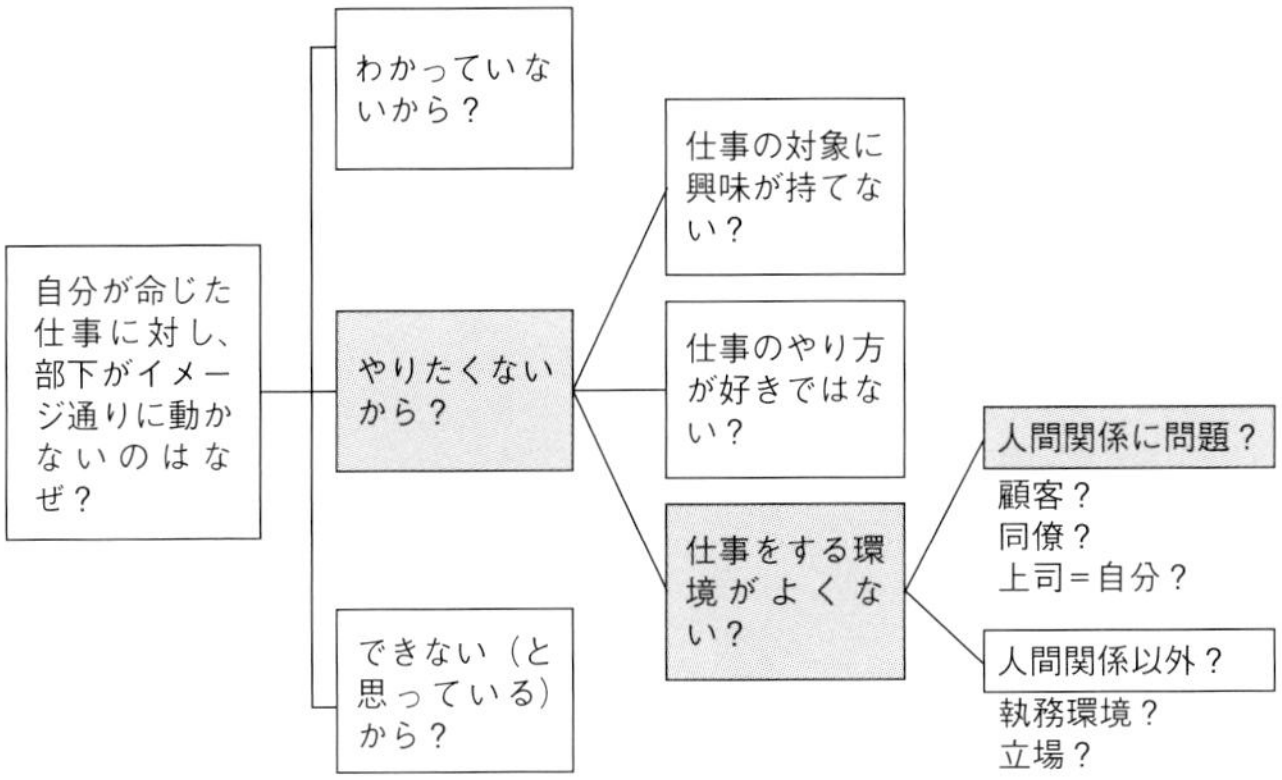
自分が命じた仕事に対し、部下がイメージ通りに動かないのはなぜ？
わかっていないから？
やりたくないから？
できない（と思っている）から？
仕事の対象に興味が持てない？
仕事のやり方が好きではない？
仕事をする環境がよくない？
人間関係に問題？
顧客？
同僚？
上司＝自分？
人間関係以外？
執務環境？
立場？

それを元に分析を行うという方法です。

どちらがより効率的かは状況によって変わりますが、いずれにせよ、ロジックツリーを活用することで、どこに一番の原因があるのかが見つけやすくなるのです。

## 問題箇所特定×原因分析

最初の問題解決の四ステップで、問題箇所を特定し（Where）、次に原因を分析する（Why）と書きましたし、その順番でやっていくのが一番効果的といわれています。

しかし現実の問題解決の場面では、この二つの作業を明確に分けることが難しいケースもよくあります。逆に「Where」と「Why」をガ

## 図表38◆原因を網羅的にリストアップする

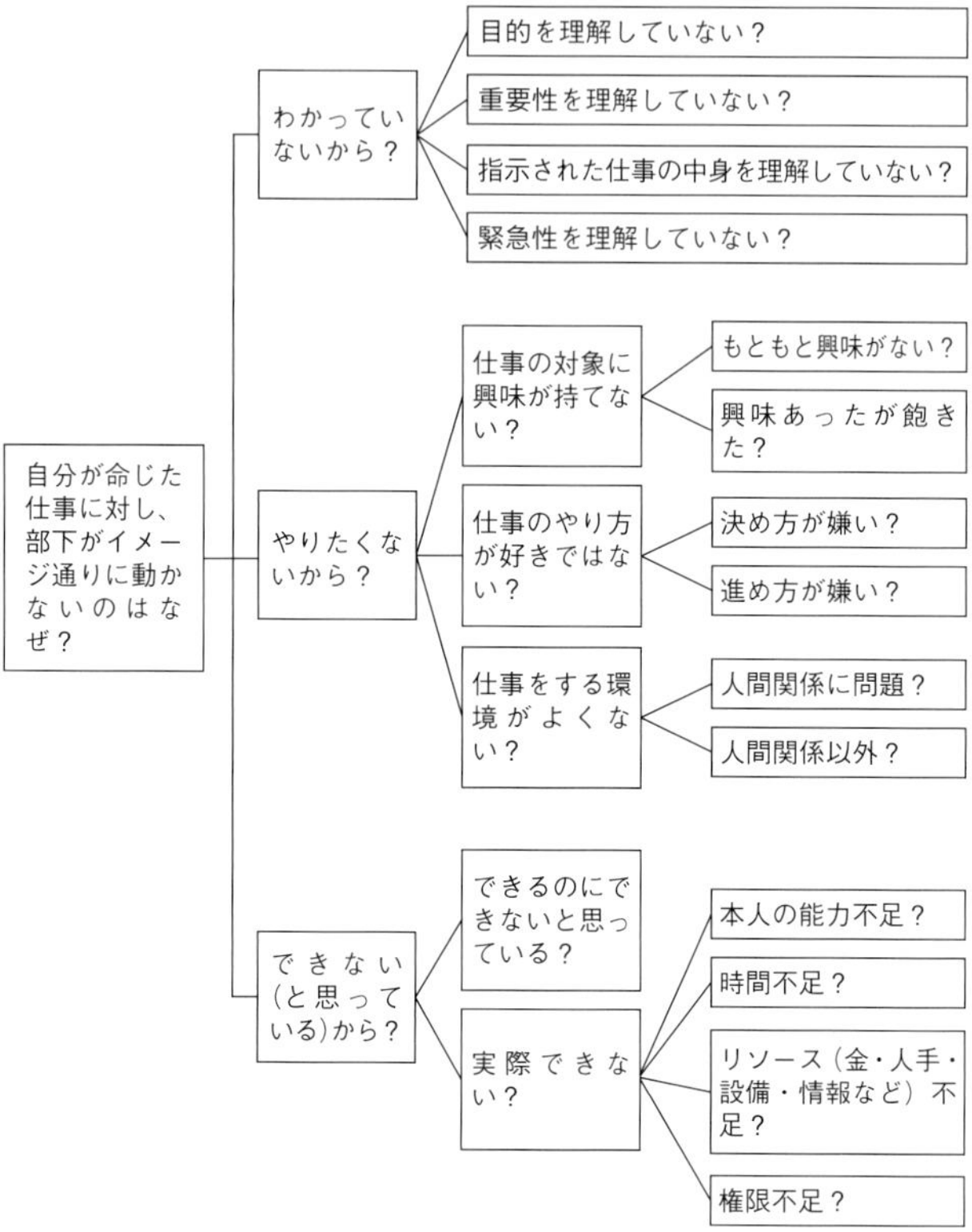
自分が命じた仕事に対し、部下がイメージ通りに動かないのはなぜ？
わかっていないから？
目的を理解していない？
重要性を理解していない？
指示された仕事の中身を理解していない？
緊急性を理解していない？
やりたくないから？
仕事の対象に興味が持てない？
もともと興味がない？
興味あったが飽きた？
仕事のやり方が好きではない？
決め方が嫌い？
進め方が嫌い？
仕事をする環境がよくない？
人間関係に問題？
人間関係以外？
できない（と思っている）から？
できるのにできないと思っている？
実際できない？
本人の能力不足？
時間不足？
リソース（金・人手・設備・情報など）不足？
権限不足？

チガチに分けて考えようとすると、こんがらがってしまい余計にわかりづらくなってしまうことがあります。

その場合は、この二つのステップを分けることにこだわらず、一緒に混ぜた感じでロジックツリーを作っていきます。

たとえば、「英語力が高まらない」という問題に対して、問題箇所の特定と原因分析を混ぜた形で表したものが次ページの図表39です。WhereとWhyが必ずしも明確に分類されてはいませんが、問題を解決するうえではこのくらいで十分な場合もあるのです。

**問題箇所の特定であれ原因分析であれ、問題解決で大切なポイントとなるのが、特にロジックツリーの上流でMECEを意識することです。**

ロジックツリーの上流にモレがあると、万一そこに重要な要素が隠れていたら取りこぼしてしまいます。そのため、説得力のある主張をするためのツールであるピラミッドストラクチャーに比べて、よりMECEが重要になってきます。

直接問題につながる二段目はできるかぎりMECEにこだわりましょう。三段目以降は多少MECE感がゆるくなっても仕方ありませんが、それでも大きなモレがないようにし

**図表39◆問題箇所の特定と原因分析がミックスされた例**

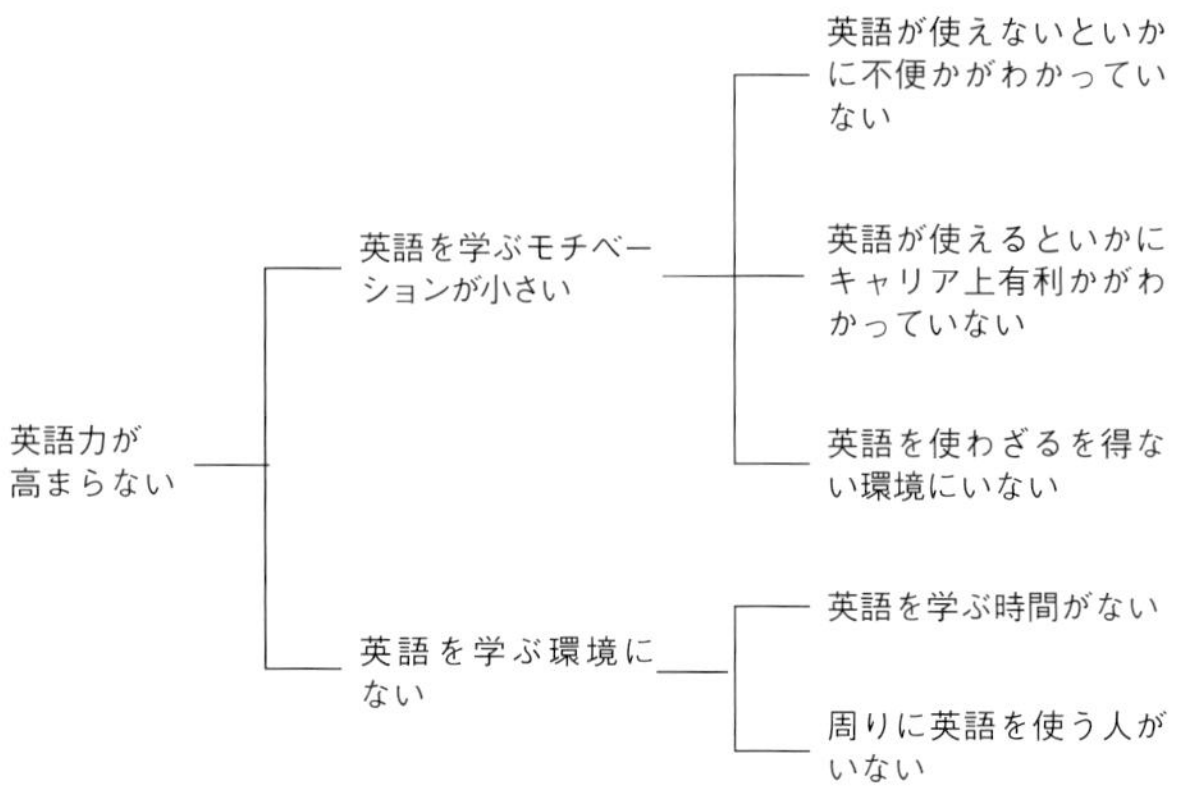
英語力が高まらない
英語を学ぶモチベーションが小さい
英語が使えないといかに不便かがわかっていない
英語が使えるといかにキャリア上有利かがわかっていない
英語を使わざるを得ない環境にいない
英語を学ぶ環境にない
英語を学ぶ時間がない
周りに英語を使う人がいない

たいものです。

## さまざまな切り口で試してみる

ロジックツリーでブレークダウンしていく際の切り口は一つではありません。

たとえばある食品会社で「在庫が増えている」という問題をWhereで分解していく場合、たとえば図表40のように三つの切り口が代表的なものとして考えられます。もっと考えていけば、これら以外の切り口も当然出てくるでしょう。

ロジックツリーを作る際には、こうした切り口を数多く持っていることが大切です。なぜな

## 図表40◆切り口をたくさん持つ

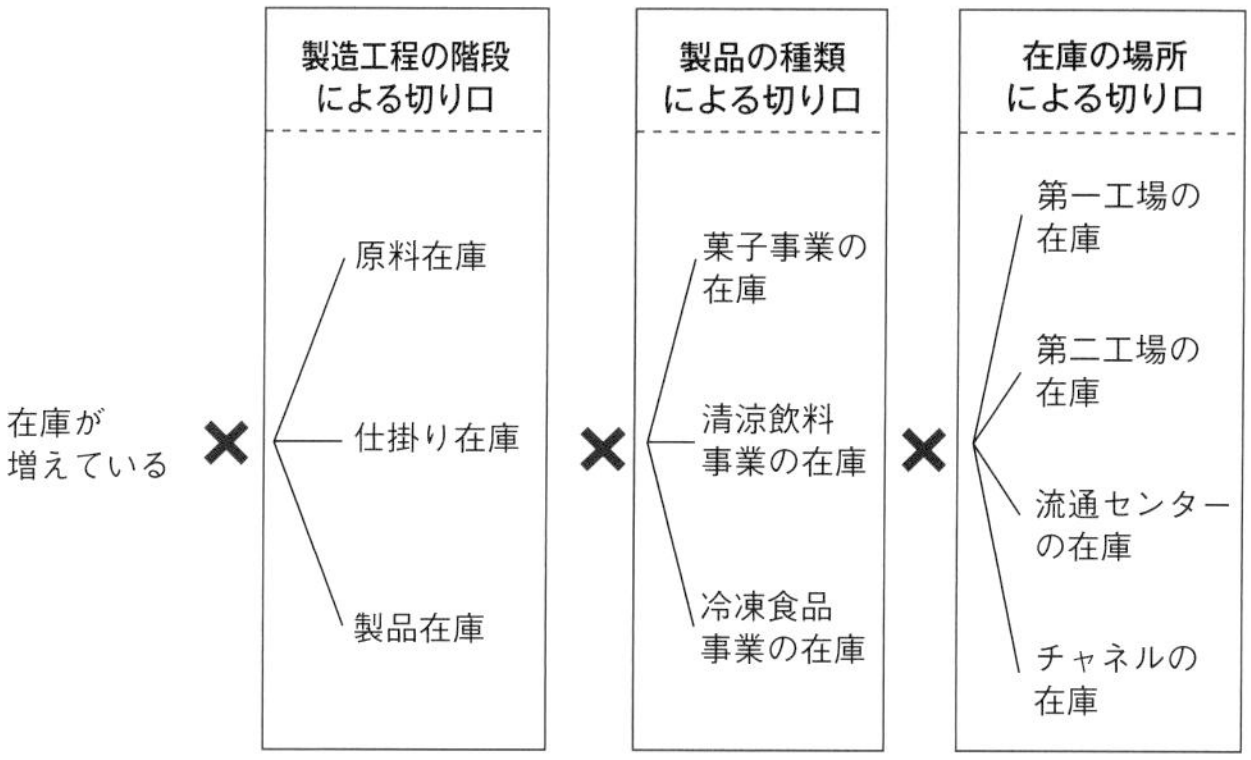


ら、どの切り口を使ったら問題箇所や原因が明確になるのかは、実際に調べてみないとわからないからです（もちろん、ある程度仮説的に当たりはつけますが）。

図表41は、同じ食品会社の例で、不良品が増えているという問題に関して、どこが重大な問題箇所なのかを見つけ出すために、いくつかの切り口で分けてみた図です。

製品の種類や場所で切り分けても不良品率はほとんど変わらず、どこに重大な問題箇所があるのかわかりません。しかし原材料供給業者別で切り分けてみると、原材料業者Bがからむケースのみ、不良品が発生していることがわかります。そこで、なぜ原材料業者Bがからむケースだけ不良品が出たのか原因を分析すると、彼

## 図表41◆切り口をたくさん持つ

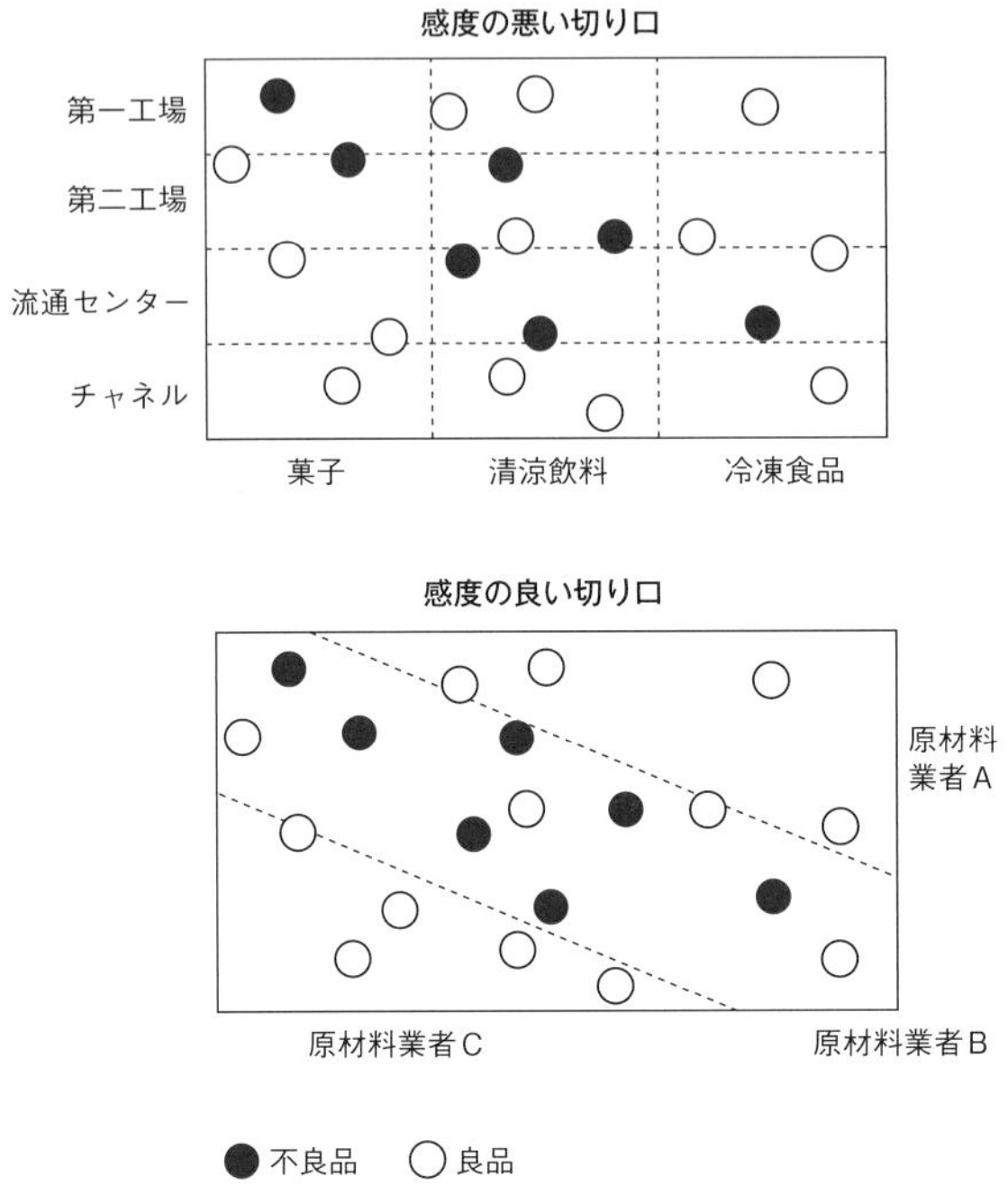


らの在庫管理に問題があることがわかりました。

このように、切り口を数多く持っているかどうかで、問題が解決できる可能性が大きく変わってきます。

図表42は、図表39で出した英語力に関する分析を別の切り口で行ったものです。どちらが問題解決につながるよい分析なのかは、実際のデータなどをリサーチしなければ

## 図表42◆別のロジックツリー

- 英語力が高まらない
  - 英語を読む力が高まらない
    - 英語を読む絶対量が少ない
    - 英語力を高めるような読み物を読んでいない
    - 指導してくれる人がいない
  - 英語を書く力が高まらない
    - 英語を書く絶対量が少ない
    - 英語力を高めるような書きものをする機会が少ない
    - 指導してくれる人がいない
  - 英語を聞く力が高まらない
    - 英語を聞く絶対量が少ない
    - 英語力を高めるようなヒアリング対象に触れていない
    - 指導してくれる人がいない
  - 英語を話す力が高まらない
    - 英語を話す絶対量が少ない
    - 英語力を高めるような良い話し相手がいない
    - 指導してくれる人がいない

わかりません。しかし、どちらか片方の切り口しか思い浮かばないより、両方のロジックツリーを描けるほうが、よりよい解決策にたどり着く可能性が高くなることは間違いありません。

**数多くの切り口を考えるには、発想の柔軟さと同時に、「考え抜くしつこさ」が求められます。一つの切り口が見つかったからといってそこで満**

**足するのではなく、他にもっとよい切り口はないのか考えてみましょう。**

なお、ロジックツリーの切り口として強力な武器となるのが第3章で紹介したフレームワークです。3Cや4Pのようなフレームワークは強力な切り口として役立ちます。問題解決のスキルを高めるために、普段から経営のフレームワークを勉強し、使える武器（切り口）をストックしておくことが大切です。

## Q&A

――どういう切り口がよい切り口なのでしょうか。

**嶋田** **切り口の善し悪し、ひいてはロジックツリーの善し悪しは、結局のところ問題の解決に結びつくかどうかで決まります。**いくら整合性がとれていて美しいロジックツリーであっても、そこから問題の解決策が導き出せなくては意味がありません。

問題の解決に結びつくかどうかは、現場を調査したりリサーチで情報を集めたりして判断します。ですので、厳密に言えば、よいロジックツリーだったかどうかは、事後に

**図表43◆現実感のないロジックツリー**

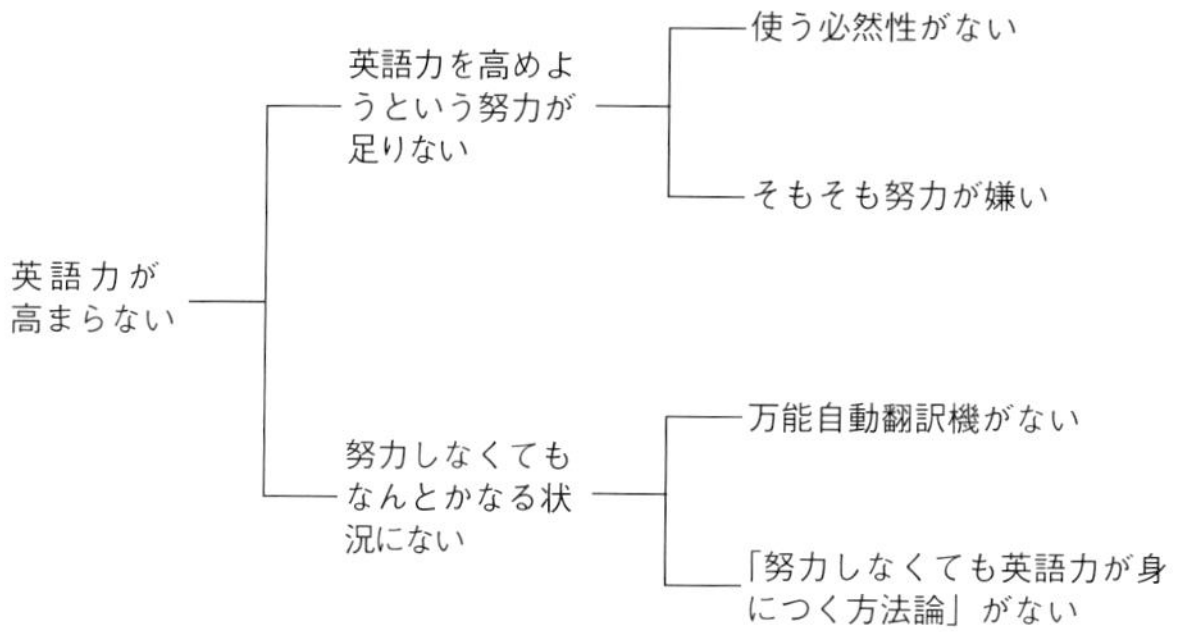
英語力が高まらない
英語力を高めようという努力が足りない
使う必然性がない
そもそも努力が嫌い
努力しなくてもなんとかなる状況にない
万能自動翻訳機がない
「努力しなくても英語力が身につく方法論」がない

ならないとわかりません。しかし、現実に即しておらず、机上の空論のようなロジックツリーは、多くの場合、あまり役に立たないとはいえると思います。ただロジックツリーを作るだけなら、切り口を変えて一〇〇パターンでも作ることができますが、机上の空論でたくさん作ることに意味はありません。

たとえば、図表43のようなロジックツリーは、たしかに体裁は整っていますが、普通の方にとってはあまり現実に即していませんし、問題解決に効果的に結びつくとも思えません。

とはいえ、図表43の下の枝などは、場合によっては新しい事業機会やブレークスルーにつながる可能性もあるので、こうしたロジックツリーを考えること自体が常にまったくの無駄というわけではありません。このへんは、置かれた状況にもよりますが、現実性とブレークスルーのバランスを考える必要があります。

**――効果の薄いロジックツリーを考えてしまうことを避けるコツのようなものはありますか。**

**嶋田** 一つのコツとして、単に机上で字面だけを見ながら分析していくのではなく、実際のビジネスの現場を具体的にイメージしながら考えるということがあります。これは第4章の主張の仕方についても同じことが言えるのですが、頭の中だけで論理を展開させていくと、気がつかないうちにおかしな方向にいってしまうことがあるのです。

ロジカルシンキングを学んだばかりの人にありがちなのは、教わったフレームワークを深く考えないまま当てはめてしまうことです。たとえば、明らかに流通チャネルが重要でないビジネスに関して分析しているにもかかわらず、マーケティングの4Pを習ったからといって、実態を考えないままそれを使ってしまうようなケースです。

一例として、ドラッグストアで、「ダイエットサプリの棚の売上げが落ちてきた」という問題であるなら、すぐに4Pなどを当てはめる前に、「いまどんな商品を扱っているのか」「どんな人が買っていくのか」「顧客の動線はどうなっているのか」「顧客は何を見て買おうと思うのか」といったことを具体的な絵としてイメージしながら、現実的に役に立ちそうな切り口で分析していきます。たとえば、「ダイエットサプリの棚に行く人間の数は減っていないか」「手にとって見る人の比率は減っていないか」「手にとってから購入までいたる人の比率は減っていないか」という感じです。

こうしたことを心がけると、現実からかけ離れた分析を避けることができます。

## 4 解決策の立案では「常識」を捨てろ（第4ステップ）

### 原因ごとに解決策のオプションを出していく

改善すべき原因がわかったら、次は実際にどうすれば（How）それを解決できるかを考えます。

とはいえ、いきなり最終的な解決策がズバッと出てくるものではありません。これまでにやった問題箇所特定や原因分析と同じように、まずはその原因を解決するにはどういう方法論があるのかを、ロジックツリーを使って広く考えていきます。

たとえば「部署の残業時間が多い」という問題に対して、「会議に時間を取られすぎる」というのが大きな原因の一つとして出てきたとします。

# 図表44◆解決策立案のロジックツリー

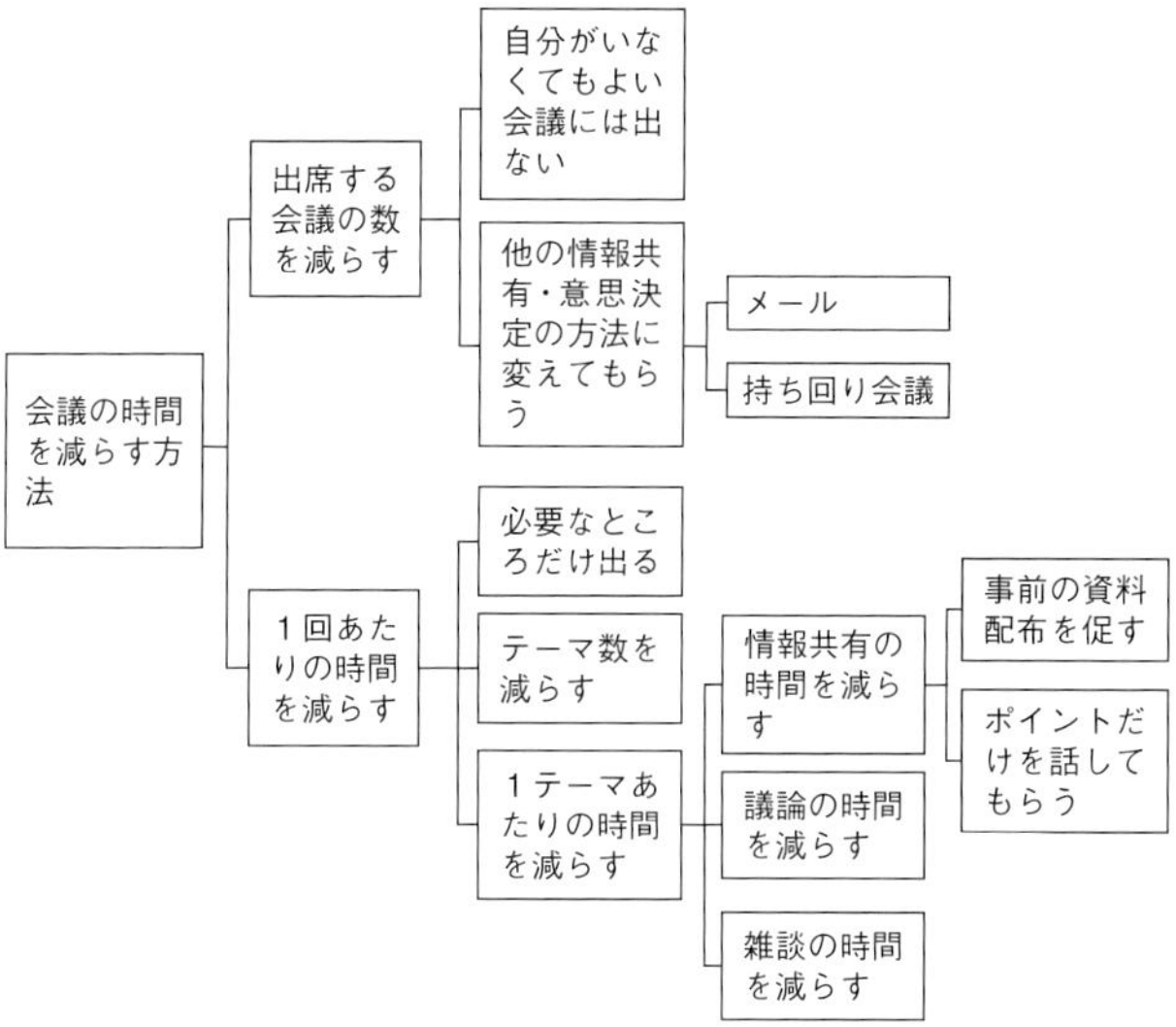
会議の時間を減らす方法
出席する会議の数を減らす
自分がいなくてもよい会議には出ない
他の情報共有・意思決定の方法に変えてもらう
メール
持ち回り会議
1回あたりの時間を減らす
必要なところだけ出る
テーマ数を減らす
1テーマあたりの時間を減らす
情報共有の時間を減らす
事前の資料配布を促す
ポイントだけを話してもらう
議論の時間を減らす
雑談の時間を減らす

まず解決策の方向性としては、

「出席する会議の数を減らす」

「一回あたりの会議の時間を減らす」

という二つが出てきます。中にはここで終わってしまう人もいますが、それでは解決策としては不十分です。そこでさらに「出席する会議の数を減らすにはどうすればいいのか」を考えると、「自分がいなくてもよい会議には出ない」などといったアイデアが出てきます。

こうして出てきた解決案をまとめたのが図表44のロジックツリーで

す。この作業で出てくるのは最終的な解決策の候補となるので、解決策のオプション出しと呼んでもいいでしょう。

中には「必要なところだけ出る」といった現実的に実行が難しいアイデアも含まれますが、それは最後に評価して実現性が低いとわかった時点で振り落とせばよいので、この段階では削る必要はありません。この段階の作業は、一種のブレインストーミングのようなものです。最初からできないと決めつけてしまうとどうしても思考の幅が狭くなってしまうので、まずは思いつくかぎりのアイデアをしつこく考え、リストアップすることを意識しましょう。

## オプション出しには創造性が必要

前で「ブレインストーミングのようなもの」と書きましたが、実はこの解決策の立案にはクリエイティビティが求められます。

問題箇所の特定と原因の分析までは、数をこなして慣れてきたらある程度できるようになります。トラブルなどが起きたときは、必ずどこかに原因があります。切り口の引き出しの多さは必要ですが、ロジックツリーで問題を切り分け、分析を進めていけば、最終的に原因は発見できるものです。

つまり、ロジカルシンキングには、経験やセンスがまだまだの人でも段階を踏んで進めることで、一定のレベルまでは到達できる技術という側面がやはりあるのです。

しかしその先、解決策の立案では、単なる要素還元的な分析とは異なる頭の働かせ方が必要になります。創造力やセンス、常識や過去の慣例からの脱却といった要素が必要となってくるのです。

**特に大切なことは、解決策のオプションを出しているときに、「自分は狭い範囲で考えていないか?」と常に自分に問いかける姿勢です。**自分としてはすべての範囲を網羅してアイデアを出したつもりであっても、実は狭い枠の中で考えていたというケースはいくらでもあります。

アイデアを出しているときによく自由な発想を邪魔するのが、「常識」という枠です。

しかし、それは自分が「常識」だと思い込んでいるだけで、決してそんなことはないケースは少なくありません。

たとえば、ある企業の某事業部の成績が悪化しているという問題の原因が、マネジャーの能力の低さだったことがあります。さまざまな方法が検討されましたが、結局、リーダーを替えるという話になりました。そのときに、名前が挙がったのが、社内のAさん、Bさん、Cさんの三人でした。

そのまま考えれば、その三人を比較して選ぶところです。しかし、少し視点を変えると「外から優秀な人材をヘッドハンティングしてくる」という選択肢がモレていることがわかります。

社外から連れてきてはいけないというルールがあるわけではないのに、その会社がヘッドハンティングで中途採用をしたことがなかったために、「新しいリーダーは社内から選ぶ」というのが暗黙の了解となっていたのです。

そうした枠にとらわれることなく幅広い視点で見ることができているのかを見直す効果

も、ロジックツリーにはあります。解決策立案のロジックツリーができたらそこで満足するのではなく、狭い範囲だけである前提のうえでオプション出しをしていないか、別の枝を新たに加える隙間がないか、などを意識して見直すことが有効です。

なお、クリエイティブな解決策を生み出す方法論も、多くのものが提唱されています。参考資料（二四四ページ）に代表的なものを載せたのでぜひ参照してください。併せて用いることで、ロジカルシンキングの効果であるクリエイティビティがより加速するはずです。

## 最適な解決策のオプションを選ぶ

数多くの解決策のオプションが出ても、コストや時間、タイミングの問題でそのすべてを実行に移すのは困難です。そこで出てきたオプションの中から、実際に行うものを選ぶことになります。

実際の作業としては、それぞれのオプションについて効果、スピード、コスト、リス

## 図表45◆解決策を選ぶ

評価の基準（例）

| | 効果 | スピード | コスト | リスク・副作用 |
|---|---|---|---|---|
| 施策A | ◎ | × | × | △ |
| 施策B | △ | ○ | △ | △ |
| 施策C | ◎ | △ | ○ | ○ |
| 施策D | △ | ○ | ○ | ○ |
| 施策E | △ | ○ | △ | △ |
| 施策F | ○ | △ | × | ○ |
| 施策G | ○ | ○ | ○ | △ |
| 施策H | △ | ○ | ○ | △ |
| 施策I | △ | ○ | ○ | △ |
| 施策J | △ | ○ | ○ | △ |

ク、副産物・副作用などを評価し、総合的に最もよいと思われるオプションを選びます。

それらをただ箇条書きにしても比較が難しいので、ふつうは図表45のような表の形にまとめます。評価の内容を点数付けして比較することもできますが、あまり細かく数字を書いても必ずしも納得感が高まらないケースが多いため、図表45のように記号で表す簡便法がよく用いられます。

図表45を見ると、オプションC、D、Gが総合的に有効で効率的な手段だと考えられます。同時に実行可能なら並行的に進められるよう組み合わせを考えますし、一つしか選べないのなら、最も効果的なものを選びます。

## 図表46◆マトリックスでオプションを選ぶ

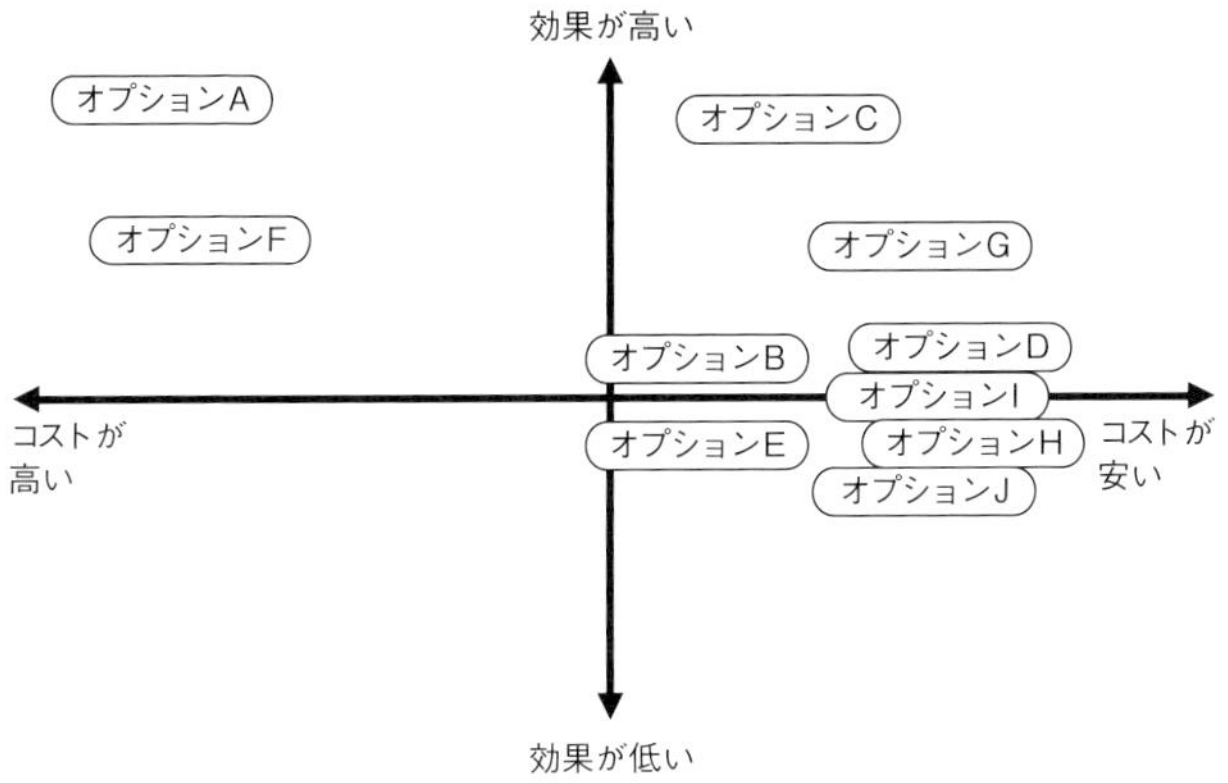


なお、それぞれの項目で評価をするときや総合的に判断するときは、ただ机上で考えていると現実離れしてしまう危険性があるので、実際の状況などを頭の中でイメージするといいでしょう。

第3章に出てきたマトリックスを使ってオプションを選ぶ方法もしばしば使われます。

図表46では、効果とコストの二つが特に重要と考えられるという前提で、各オプションをマトリックス上にプロットしてみました。

評価項目は二つに限定されますが、その分、どのくらい効果があってどのくらいコストがかかるのかをビジュアルで見られるので、判断もしやすいですし、他人に伝える際にも効果的です。図表46の場合、オプションCとGが特に有効だと考えられるでしょう。

## ロジックツリーの応用 Ｙｅｓ／Ｎｏチャート

解決策の立案ロジックツリーの応用として、「Ｙｅｓ／Ｎｏチャート」があります。Ｙｅｓ／Ｎｏチャートとは、質問にＹｅｓかＮｏか答えていくことで最終的に一つの答えやとるべき行動を導き出すチャートです。これを解決策立案に使った例が、図表47です。難易度の高い手段から順番に試していき、最終的に実行可能などれか一つの解決策に落ち着くようになっています。

チャートに従って一つひとつ試していけば自然と解答にたどり着くようになっているので、マニュアルなどによく使われます。

## オプション出しで気をつけること

解決策のオプション出しで気をつけたいことを、**一つ挙げるとしたら具体性です。**

## 図表47◆Yes/Noチャート

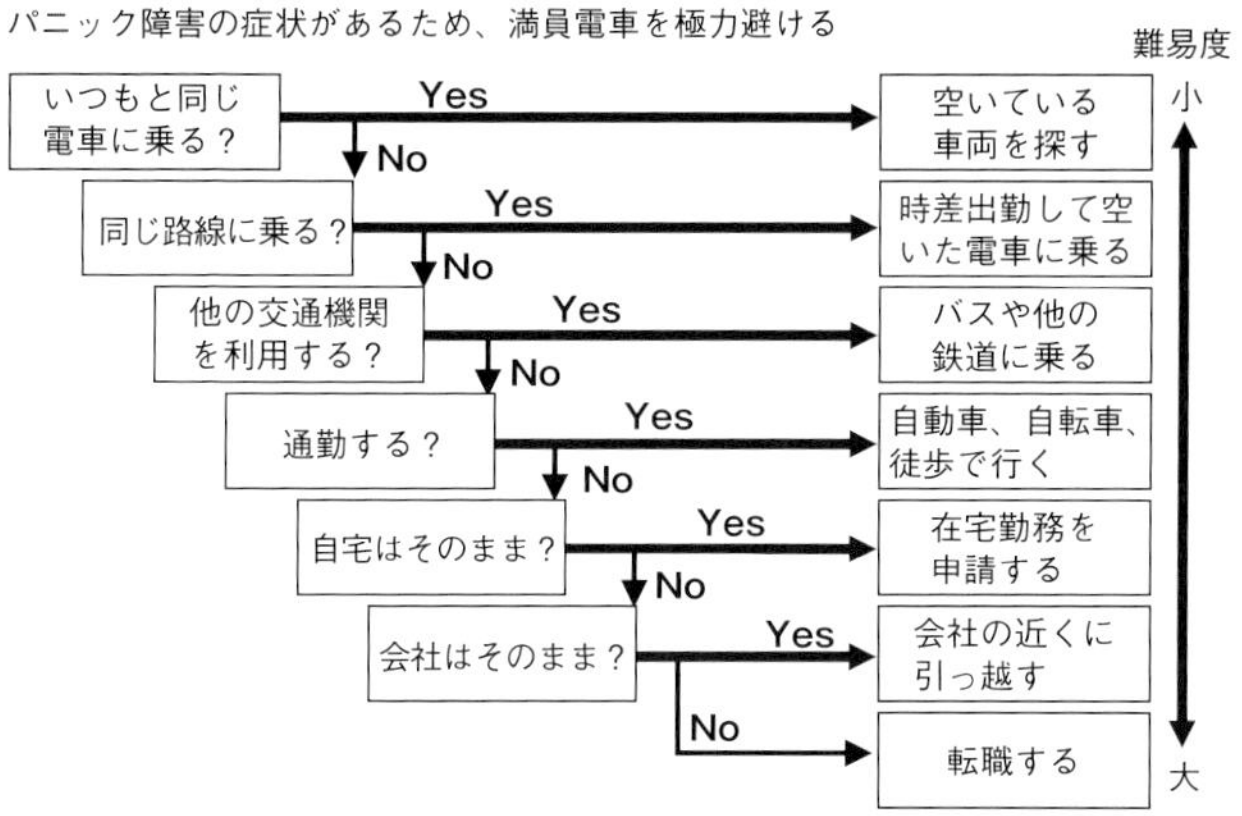
パニック障害の症状があるため、満員電車を極力避ける
難易度
いつもと同じ電車に乗る？
Yes
No
空いている車両を探す
同じ路線に乗る？
Yes
No
時差出勤して空いた電車に乗る
他の交通機関を利用する？
Yes
No
バスや他の鉄道に乗る
通勤する？
Yes
No
自動車、自転車、徒歩で行く
自宅はそのまま？
Yes
No
在宅勤務を申請する
会社はそのまま？
Yes
No
会社の近くに引っ越す
転職する
小
大

実際にありがちなケースなのですが、たとえば、育児支援の問題に関して「企業に対する支援が不十分」という原因に対して、「企業に対する支援を強化しよう」ではなんの解決策にもなっていません。これでは単なるコインの裏返しです。有効な解決策といえるためには、

「該当企業には、実績に応じて補助金を出す」
「未達の企業には、数段階でペナルティを科す」

といった具体的なアイデアであることがポイントです。

また、複数の解決策を組み合わせるうえで、当然、施策間での相性という問題も出てきます。前にも述べたように、基本は、有効そうな手

段を優先しながら組み合わせを考えるのが一般的です。

ただ、それぞれのオプションが相互に影響し合うことがあるので、そうした場合には注意が必要です。複数のオプションを組み合わせることで相乗効果が現れ、さらに効果・効率が高まることもあれば、逆にお互いの効果を打ち消し合ってしまうことも考えられるのです。イマジネーション豊かに、効果的に施策を統合することが必要です。

たとえば、ある店舗の利益を上げるために、「価格を下げて多くの客を呼び込む」という施策と、「ブランド価値を上げる」という施策のオプションが出てきたとします。両者とも問題を解決するために有効だとしても、通常は価格を下げることによってブランド価値の低下を招いてしまうので、両方を同時に行うのは効果的ではありません。複数の解決策を選ぶ際は、こうしたチェックが必要です。

## ガントチャートで実行プランを

解決策の立案は、アイデアを出して終わりではありません。いくつかの解決策が決まっ

## 図表48◆ガントチャートの例

| 作業 | 5週前 | 4週前 | 3週前 | 2週前 | 1週前 | 発売 | 担当 |
|---|---|---|---|---|---|---|---|
| POP手配 | → | → | → | | | | A氏 |
| チラシ手配 | → | → | → | → | | | A氏 |
| 謹呈先リスト作成 | → | → | → | → | | | B氏／各部担当者 |
| 発送手配 | | | | → | → | | B氏 |
| ＨＰ変更企画 | | | → | → | | | A氏 |
| ＨＰ変更 | | | | → | → | | C氏／外注 |
| メールマガジン文面作成 | | | → | → | | | A氏 |
| セミナー企画 | → | → | → | → | → | | B氏／C氏 |

たら、実際にそれをどう実践するかの大まかなプランを作成します。少なくとも、「誰が」「どのスケジュールで」「何をするか」といったことを大体決めておきたいところです。

そこでよく使われるのが一三六ページで紹介したガントチャートです。

たとえば図表48は、ある企業が認知を高めるために、社長の著書を出す、という施策を選んだ際の、発売前プロモーション施策のブレークダウンです（発売後のアクションは割愛しました）。この例では、同時に打てる施策が多数あるため、それらを網羅したうえで効果的なものをピックアップし、三人の担当が時期的な重なりを避けながら自然に動けるよう計画が作られています。

この事例ではそれほど重要ではありませんが、状況によっては、「施策Aは、施策Bに先立って打つほうが有効」という場合があります。そうしたケースでは、当然、時期的に優先させるべきものを前倒しで実施します。たとえば、あるカンファレンスでパネルセッションを開催する際、パネラー同士の顔合わせに先立って、大まかなテーマや、各人の役割について、企画担当者が素案を作っておくなどです。

ビジネスでは、「手戻り」ややり直しは大きなロスにつながりますから、状況によっては、フロー図や関係図なども活用しながら、極力無駄を省き、最大限の効果を実現したいものです。どのような解決策も、実行されて初めて価値がある、という鉄則を忘れてはいけません。

## ロジカルシンキングには創造性が重要

ロジカルシンキングを適切に用いれば、経験やそれに伴うセンスが多少不足していても、ある程度のアウトプット（効果的なコミュニケーションや問題解決）にたどり着くことができます。

しかし、どういうファクトに着目するか、あるいは、どういう切り口でものごとの本質に迫るかは、最終的には、個人のセンスや創造性によって大きく左右されます。

ここで重要なのは、そうしたセンスや創造性は、必ずしも一部の天才にのみ与えられたギフトではないということです。重要なのは、経験を積んでそこから学ぶこと、自分の思考を客観的に眺めて、「常識にとらわれすぎていないか」と冷静に考えられること、そして何より、すぐに妥協するのではなく、粘り強く考えることです。

そして、前書きでも少し触れたように、こうしたことは、ロジカルシンキングをしっかりやり抜くことで上達していきます。

**つまり、ロジカルシンキングは、最初はやや型にはまった効率化のための思考という側面を強く感じるかもしれませんが、上達してくると、それがセンスや創造性を生み出す土台ともなってくるのです。**

読者のみなさんには、ぜひ、表層的でお手軽なロジカルを超えた、そうした領域も意識していただければと思います。

# 参考資料　クリエイティブにアイデアを出す方法論

①ブレインストーミング

アレックス・オズボーンが考案した発想法。「ブレインストーム会議」とも呼ばれ、出てきた意見は一切否定せず、便乗するかたちでアイデアをどんどん発散させていく方法。「判断力は排除する」「乱暴さが歓迎される」「量が必要である」「結合と改良が大切である」といった鉄則を守ることが重要。

②スキャンパー（ＳＣＡＭＰＥＲ）

ブレインストーミングの考案者、アレックス・オズボーンのチェックリストがベース。あらかじめ用意された問いに答えることにより発想を広げる。各問いの頭文字（左記）からSCAMPERと呼ばれている。
Substitute……入れ替えたら？
Combine……結びつけたら？
Adapt……応用したら？
Modify……修正したら？
Put to other purposes……他の目的に用いたら？
Eliminate……除いたら？
Rearrange/Reverse……並べ替えたら／逆にしたら？

③マンダラート
三×三の九つのセルを利用して発想を広げる技法。中心のセルにキーワードを書き、そこから連想されるワードを周囲のセルに書いていく。（周囲のセルのうち）深めたいテーマについて、新たに三×三の九つのセルで深めていくシンプルな技法。

④水平思考一〇のスキル

ポール・スローンはイノベーティブな解を生み出すための水平思考のテクニックとして一〇個の考え方を提唱した。具体的には以下である。

（1）前提を疑う
（2）探り出す質問をする
（3）見方を変える
（4）奇抜な組み合わせをしてみる
（5）アイデアを採用して応用し、さらに改良する
（6）ルールを変える
（7）アイデアの量を増やす
（8）試してみて、評価する
（9）失敗を歓迎する
（10）チームを活用する

# おわりに

さて、駆け足でロジカルシンキングの基本的な考え方と、それを実際に応用し使いこなしていくコツについて解説してきたわけですが、いかがだったでしょうか。

「難しいな」と思われた方もいらっしゃるかもしれません。しかし、「それほど難しいものではない。何となくわかった気がする」と思われた方が多いのではないでしょうか。ただし、それは、ある意味では正解ですが、ある意味では間違っています。

私は、ロジカルシンキングの領域に限らず、長くグロービスで講師をやっていますが、書籍などを読んで「わかったつもり」になることと、本当に「わかった」状態になることと、さらには、実際に「使いこなせる」状態になることの間には、それぞれ非常に大きな差があると感じています。

「わかったつもり」というのは、大きな疑問もないし、書いてあることはそれなりに理解できていると感じているのに、いざ他人に説明しようとすると、なかなかうまく自分の言葉で説明できない、あるいは説明しても相手が理解してくれないという状況を思い浮かべていただくといいでしょう。事実、多くの人はこの段階で止まってしまいます。これではせっかく本書を読んだ意味がありません。まずは、ぜひ、本書を読んで理解した内容を、自分の言葉で他人にうまく説明できる状態になっているか確認してみてください。

そして、わかったら、ぜひそれを使いこなせるようチャレンジしてください。よく大学院や企業研修のクラスなどでも言うことですが、ロジカルシンキングに代表される経営学のツールは、教養というよりも実学です。語学と同じものと考えてください。実学ですから、使わないと何の意味もありませんし、使わないとどんどん錆びついて使いものにならなくなってしまいます。

最初は下手でもいいからまずは使ってみる。そして、使っていく中で、「もっとこうしたらうまくいく」「今日は効果的に使えなかったので、次はもっと効果が出るように考えてみよう」などと考え、ブラッシュアップすることが必要です。最初は億劫に感じるかもしれませんが、数週間もすれば慣れてくるはずです。

幸い、世の中には、ロジカルシンキングの題材となる事例は、それこそ掃いて捨てるほどあります。現実の職場や、新聞やテレビなどで見聞きするそうした題材に対して、ロジカルに考えていく習慣をつけると、自ずと力はついてきます。

可能であれば、一人で完結するのではなく、仲間や友人、あるいは昨今であればWEB上で誰かと議論することで、そうした考え方をチェックしていくと、コミュニケーション力も高まるので一石二鳥です。ぜひ、さまざまな機会をとらえて、スキルの向上や、ロジカルに考えるというマインドの育成に取り組んでください。

さて、本書は、『[実況]ファイナンス教室』(グロービス著、星野優/監修・執筆)に続く、本シリーズの二冊目にあたります。ロジカルシンキングというテーマを第二弾にもってきたのは、これに悩む一般のビジネスパーソンが多いからにほかなりません。

世の中には数多くのロジカルシンキング本が出ていますが、なかなか決定版がないのが実情です。本書も、決して決定版というわけではないのですが、ロジカルシンキングに悩む読者、特に若い読者にとって、類書とは一味違う観点から、その意義やコツを伝えられたのではないかと思っています。本書をきっかけに、他の書籍や、スクールなどの講座、さらには実践を通して、この力を確固たるものにしていただければと思います。

本書の執筆にあたっては、多くの方のお力を借りました。PHP研究所の萩原一彦氏には、原稿についてさまざまなコメントをいただき、また、三月十一日の震災で慌ただしい中、出版にご助力いただきました。山本啓介氏には、原稿作成にあたって、いろいろお世話になりました。また、同僚の佐々木一寿氏には、企画の段階から、第三者の視点でさまざまなアドバイスをもらいました。本書が日の目を見ることになったのは、こうした方々の力によるものです。改めて謝意を表します。

本書が、若い読者の方々のロジカルにものごとを考えられるきっかけとなれば、これに勝る幸いはありません。

グロービス経営大学院教授　嶋田　毅

## 参考図書


『［新版］ＭＢＡクリティカル・シンキング』（グロービス・マネジメント・インスティテュート著、ダイヤモンド社）
『グロービスＭＢＡマネジメント・ブック改訂３版』（グロービス経営大学院編著、ダイヤモンド社）
『新版考える技術・書く技術』（バーバラ・ミント著、山崎康司訳、グロービス・マネジメント・インスティテュート監修、ダイヤモンド社）
『問題解決プロフェッショナル「思考と技術」』（齋藤嘉則著、グロービス監修、ダイヤモンド社）
『ビジネス仮説力の磨き方』（グロービス著、嶋田毅執筆、ダイヤモンド社）
『これからの思考の教科書』（酒井穣著、ビジネス社）
『イシューから始めよ』（安宅和人著、英治出版）
『数学を使わない数学の講義』（小室直樹著、ワック出版）

〈著者紹介〉
**グロービス**（http://www.globis.co.jp）
グロービスは「ヒト」「カネ」「チエ」のビジネスインフラを構築し、社会の創造と変革をサポートしている。
グロービス・グループには以下の事業がある。
●グロービス経営大学院（経営大学院／東京・大阪・名古屋）
●グロービス・マネジメント・スクール（ビジネス・スクール事業／東京・大阪・名古屋）
●グロービス・オーガニゼーション・ラーニング（人材育成・組織開発事業）
●グロービス・キャピタル・パートナーズ（ベンチャーキャピタル事業）
●出版（出版事業）
●オンライン経営情報誌「GLOBIS.JP」（経営情報サイト運営事業）

〈執筆者紹介〉
**嶋田 毅**（しまだ つよし）
グロービス 出版局長　兼　編集長
マネジング・ディレクター

グロービス経営大学院教授。東京大学大学院理学系研究科修士課程修了後、戦略系コンサルティングファームに入社、業界・企業分析や戦略の立案、実行支援を行う。その後、外資系理化学機器メーカーを経てグロービスに入社、現在は主に出版、ライセンシングなどを担当。著書に『利益思考』（東洋経済新報社）、『ビジネス仮説力の磨き方』（ダイヤモンド社）、共著書に『グロービスMBAマネジメント・ブック』『グロービスMBA事業開発マネジメント』『MBAビジネスプラン』『MBA定量分析と意思決定』（以上、ダイヤモンド社）、『ベンチャー経営革命』（日経BP社）など、共訳書に『MITスローン・スクール 戦略論』（東洋経済新報社）、『リーダーを育てる会社つぶす会社』（英治出版）などがある。グロービス経営大学院や企業研修において管理会計、ビジネス定量分析、経営戦略、戦略実行、ビジネスプラン等の講師、自社課題アクションラーニングのファシリテーターも務める。

【企画・構成】
**佐々木一寿**（ささき かずとし）
グロービス出版局の編集委員として、書籍・教材をはじめとする各種著作の企画・構成・執筆を担当。主に「グロービスMBA」シリーズ、「グロービスの実感するMBA」シリーズ（ともにダイヤモンド社）、「グロービスMBA集中講義」シリーズ（PHP研究所）の編集・執筆に携わる。

【執筆協力】
**山本啓介**

グロービスMBA集中講義
# ［実況］ロジカルシンキング教室

2011年5月31日　第1版第1刷発行
2019年12月26日　第1版第20刷発行

著　者　グロービス
発行者　後藤淳一
発行所　株式会社ＰＨＰ研究所
東京本部　〒135-8137　江東区豊洲5-6-52
第二制作部ビジネス課　☎03-3520-9619（編集）
普及部　☎03-3520-9630（販売）
京都本部　〒601-8411　京都市南区西九条北ノ内町11
PHP INTERFACE　https://www.php.co.jp/

組　版　朝日メディアインターナショナル株式会社
印刷所　凸版印刷株式会社
製本所　凸版印刷株式会社


ISBN978-4-569-79674-1